少年商学院

DUDONG SHANGYE

读懂商业

英国尤斯伯恩出版公司　编著

王　雪　译

接力出版社
Publishing House

目录

我认为我不适合经商。
并没有一个标准规定什么类型的人适合经商。每个人都可以尝试！
我想自己创业，但是我不知道从哪里开始。
继续阅读这本书吧！你将会知道商业是如何运作的。当你读完第三章的时候，你就会拥有自己创业的信心！

什么是商业

无论是经营一个小的市场摊位，还是经营一家拥有成千上万名员工的知名企业，商业的本质都是为有需求的人们提供商品或者服务，并相应地换取金钱。

一家成功的企业销售收入应该大于成本支出，这样才能盈利。

»企业是做什么的

企业生产并出售劳动产品。你手上现在拿着的东西可能就是一件产品，比如一本书或者一件可爱的玩具。这些产品我们称为商品。

产品也可以是一种行为或动作，比如配送货物或者给他人理发，也就是提供服务。

有一些企业提供的产品既带有商品性质又带有服务性质。

我们为什么需要商业

如果这个世界上没有商业，那么所有人都需要自己动手满足自己的需求。

同时也需要考虑怎么制作或者种植这些原材料。接下来你需要……

将工作进行分工可以更高效地满足人们的需求。有专长的人可以专门从事他们擅长的工作，并把它变成一项具有商业价值的事业。

商业无处不在

通过下面这些例子，你可以更好地理解需求与供给的关系。

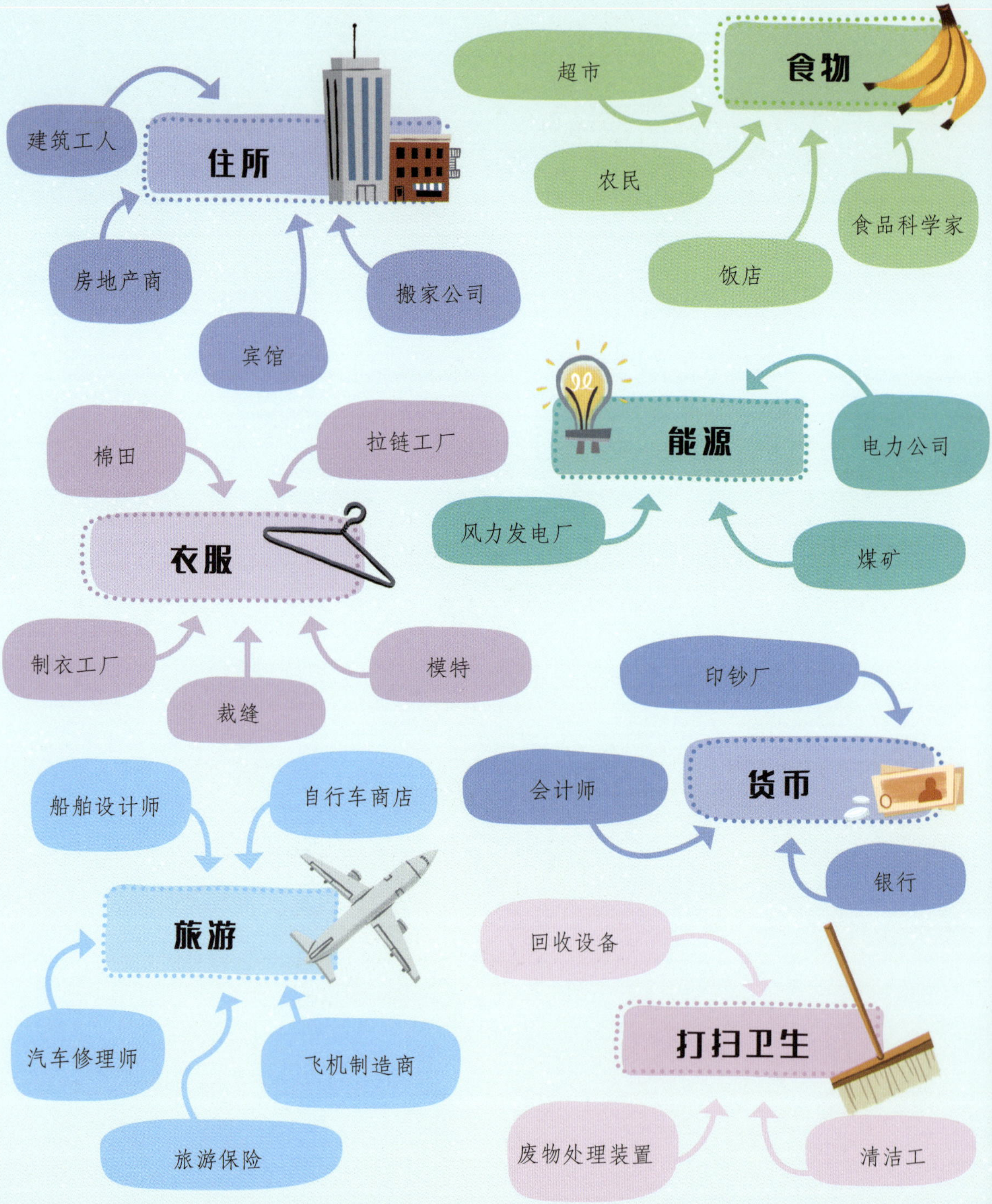

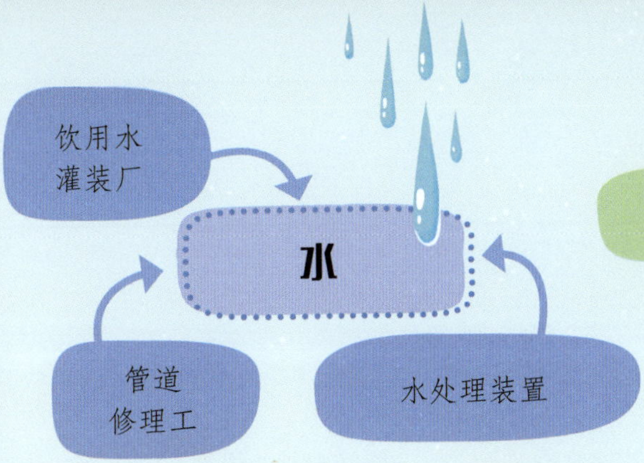

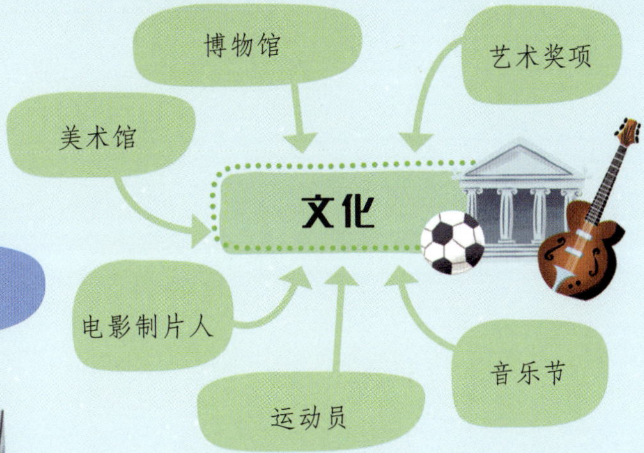

»但并不是处处都是

政府认为某些商品或者服务应该每个人都可以享受到，无论他是否可以负担相应费用，所以一些商品和服务是由政府来提供，而不是相应的企业来提供。政府所提供的服务包括医疗保健、教育以及道路维护等。

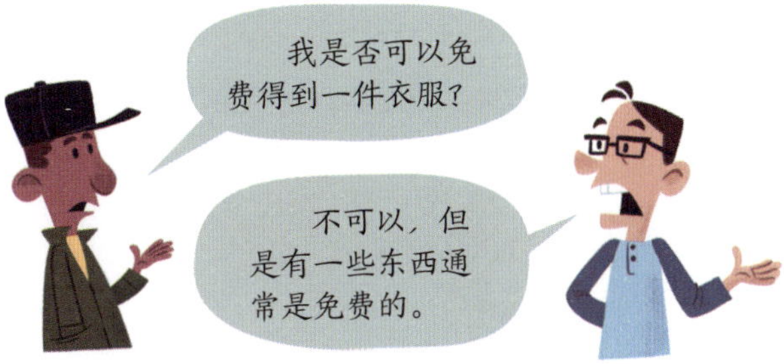

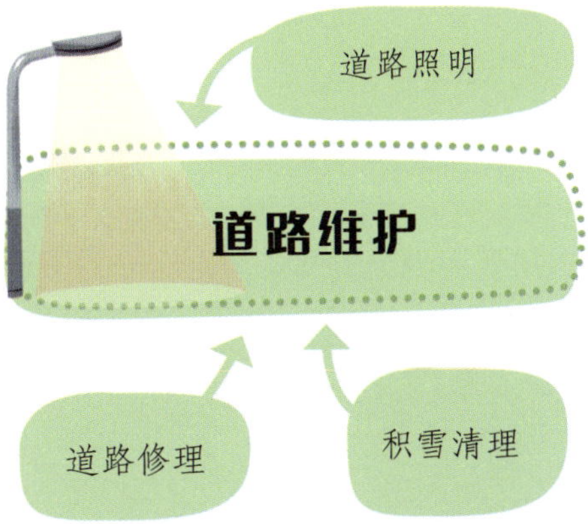

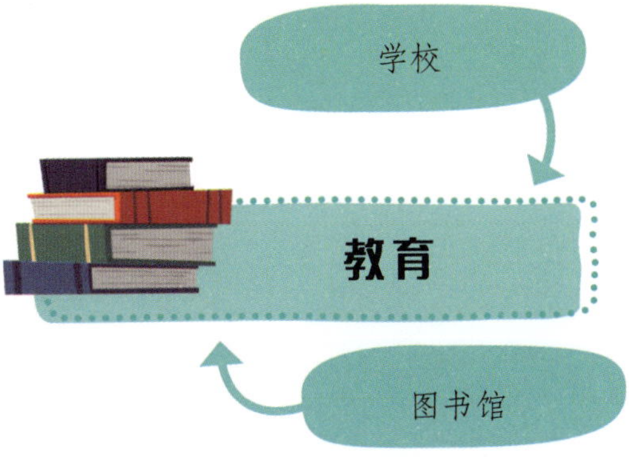

为什么要创立企业

企业的创立者通常被称为创业者。促使人们开始创业的原因多种多样。

有些人创业是为了赚钱。

有些人是因为发现了问题，想解决它。

有些人创业是想让世界变得更美好。

无论什么时候，当你在本书中看到这个标志，就表示这是一个真实事件。

把脑海中的想法转化成真实的产品是一个让人兴奋和激动的过程。

创业者们开始创业大多是出于以上几种原因的综合。在给他人提供优质商品和服务时，他们经常会获得巨大的满足感。

第一章 如何创业

你想成为一名企业家吗？你一定可以的。其实我们每个人都可以创业。只是，你需要先把事情想清楚。这一章就会告诉你创业需要怎么做。

首先，你需要有自己的想法。其次，你需要去验证它，确保你的商品或者服务有一定的市场需求，能在市场竞争中脱颖而出。然后，你可以制作一份商业计划书，明确你的目标，同时说服其他人支持你的想法。

创业的灵感

所有企业的创立都始于一个灵感。如果脑海中一片空白，你可以尝试用“思维导图”帮助自己激发灵感。首先，在纸上画些气泡，把你面临的问题写在气泡里，然后在每个气泡周围尽可能多地记录自己的想法。

我有哪些值得人们支付给我工资的特长？

我会弹钢琴，我可以在婚礼上演奏钢琴吗？

我会变纸牌魔术，人们可以在聚会的时候雇用我为他们表演。

我正在做的哪些事情可以说服人们支付给我报酬？

遛狗

洗车

给别人提供建议……我可以成为一名生活顾问吗？

我该如何结合自己和别人的特长去开发一种非常棒的商品或者服务呢？

我的姐姐有一辆汽车，我会做美味的小甜饼，我们是不是可以开一家小甜饼外卖公司？

我的朋友擅长绘画，我擅长电脑操作，那么我们是不是可以设计制作一些贺卡呢？

在你用思维导图完成头脑风暴之后，仔细阅读全部的内容，然后选出你最喜欢的商业灵感。

如果你已经产生了一些很有价值的灵感，那么接下来就是要明确现实中会不会有人愿意为你出售的商品或服务买单。确定你的业务是否会和市场上已经存在的业务发生冲突也是非常有意义的一点。

谁会为你的产品买单

有时候，你需要做市场调研，弄清楚那些你想出售的商品或者服务，别人是否愿意买单。

为了避免浪费钱去开发那些没人想要的商品或者服务，企业一定要做市场调研。这意味着你要和你的目标客户多多沟通。

为了确定自己的销售市场，企业会对客户进行分类，将具有共同特性的客户归为一类。比如，生活在共同的区域，年龄处于特定阶段，收入水平相近，业余爱好相同，等等。

南森的目标客户是他的同学，所以他需要调查这些同学的喜好。他可以通过以下方式进行调查。

»越了解客户，越容易成功！

调查的目标客户越多，得到的有用信息也越多。虽然市场调研需要花费许多时间，但你可以根据调研信息改进商品和服务。这样吸引顾客消费会变得更加容易。

做最好的

企业之间因为争夺客户而产生的较量我们称为竞争。竞争无处不在。比如，玛莎在小镇的星期六集市上卖T恤衫，她的竞争对手将会是他们：

成功的途径

为了在竞争中脱颖而出，企业需要在许多方面超过它们的竞争对手。

良性竞争

从顾客的角度来看，竞争是一件好事。竞争可以促使企业以更低的价格提供更好的商品或服务。大多数国家和地区都会立法保障商业竞争处于良性状态。比如，企业之间私自定价在很多国家和地区是不合法的行为。

如何打败竞争对手

想要赢得顾客的青睐，你需要成为行业里某一种商品或者服务的开创者，或者提供比竞争对手更好的商品或者服务。下面的流程图可以帮助你打败竞争对手。

是否已经有一些企业正在出售你想出售的商品或服务？

不是 → **分析市场调研结果，研究顾客对你的新商品或者服务是否有强烈的购买意愿。**

- **是的** → **如果你是第一个出售令人兴奋的新商品或者服务的人，这就是你的优势。即使有了竞争对手，顾客可能依旧会追随你，因为他们熟悉并且喜欢你的产品。**
- **不是** → **如果没有人想要，那就解释了为什么这个市场不存在竞争。你需要思考新的创业计划。**

是的 → **你要尽全力使你的商品或者服务在竞争中脱颖而出。**

真实案例

高质量

谷歌并不是第一个网络搜索引擎。在1998年，市场当时被另外一家公司所占领。谷歌凭借更精准有效的搜索结果很快抢占了市场。

真实案例

新卖点

苹果公司开始发售iPod的时候，MP3播放器在市场上已经存在了，但是iPod首次应用iTunes软件，可以更高效地管理和传输音乐。

真实案例

开创者

亚马逊公司是美国第一家线上书店，早期顾客对亚马逊有很高的认可度。亚马逊公司不断提高自己的服务质量，一直占据着很大的市场份额。

»在激烈的市场竞争中寻找商机

竞争者太多，你的产品就很难引起人们的注意。所以，在市场上寻找商机非常重要。所谓商机，就是目前市场上商品或者服务供给存在空白的领域。想要寻找商机，你可以根据现有产品的主要特征绘制一张图表，帮助你更直观地了解市场。

桑德亚想开一家太阳镜店，她正在寻找商机。她绘制了一幅商品分析图，图上显示了她所在的城镇所有正在销售的太阳镜品牌。

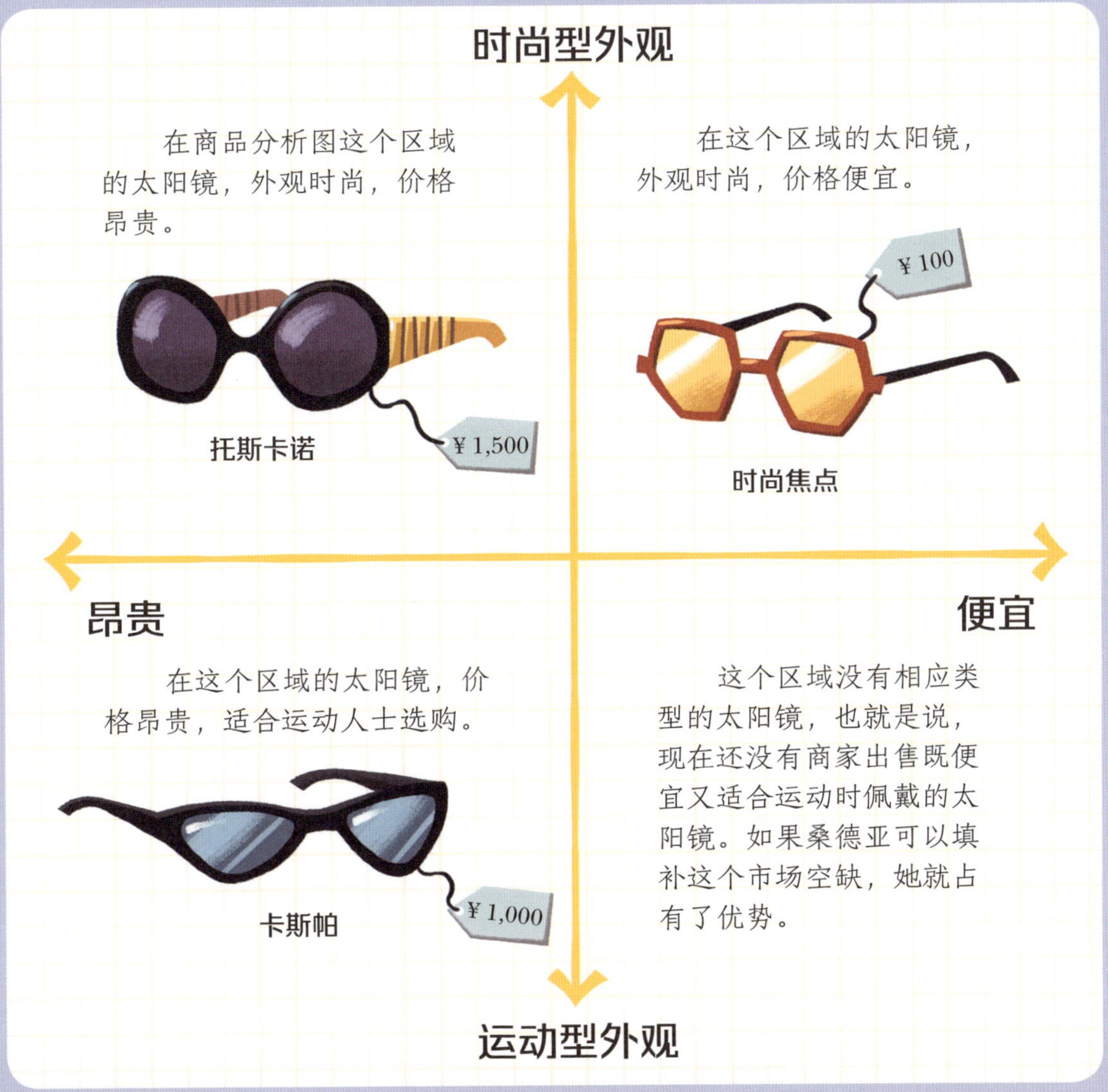

你可以给任何商品绘制分析图，来展示商品的特征。比如，如果你想比较两家快餐店，你可以以目标客户的年龄为一个维度，以食品健康程度为另一个维度绘制一张图。

你有启动资金吗?

大多数企业在创立时，都需要一些资金来支付员工工资、购买设备、租赁场地、进行广告宣传。我们通常把这笔前期的投入称为启动资金。

存款

你的存款可以帮助你创业。但是如果创业失败了，这笔钱你就拿不回来了。

申请拨款

拨款是不需要回报的，政府每年都会拨款给一些满足条件的创业公司。

申请贷款

家人、朋友或者银行可能会借给你钱，但是在还钱的时候，你可能要多支付一些钱。这些额外支付给贷款人的钱，我们称为利息（详见第116页）。

众筹

你可以在一些专门的网站上发布筹款项目吸引一大群人，每人支付少量的钱来帮助你。相应地，每一位支持你的人都会得到一个小礼物作为回报。

寻找投资者

投资者是指那些通过提供资金换取公司一部分所有权的人，所以要小心选择。他们会期待在公司进行决策的时候拥有发言权，并希望通过后期出售公司股权而获得收益。

重要提示

新的企业经常会发现募集资金很困难，因为一直存在企业倒闭进而使前期投入的资金无法收回的风险。如果想打动别人为你的企业提供资金，以下几点你需要认真对待。

1.如果你是向父母或者朋友借钱，一定要起草一份借款合同，避免日后产生纠纷。

2.考虑清楚你需要多少钱。不要在创业初期花费太多资金，一定要确保你购买的物品是你真正需要的。

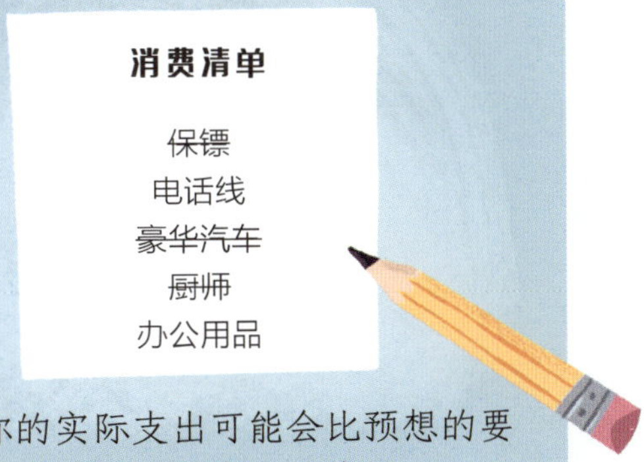

你的实际支出可能会比预想的要多，请你好好规划资金的使用。

3.写一份商业计划书，描述一下你的公司，以及它将如何运作实现盈利目标。商业计划书看起来很无趣，但是它非常重要。它可以说明你对企业的未来已经进行过深入思考，帮助你赢得其他人的支持。

在商业计划书中，你需要回答这些问题。

商业计划书

请描述你的企业。它在哪些方面与众不同？

乐队介绍

我们是火箭乐队，由来自加拿大蒙特利尔的三姐妹组成。我们自己创作音乐，支持我们的粉丝越来越多。

制定明确的目标，这样你的进步更容易衡量。

乐队目标

1.今年夏天举办4场音乐会。

2.在YouTube网站订阅我们频道的新用户每个月增加50人。

3.录制一张音乐专辑。

4.通过出售音乐会门票以及新专辑开始盈利。

有没有人出售的产品和你的一样？他们的售价是多少？你的产品有哪些优势？

竞争对手

我们的竞争对手是XYZ、Mashup这样的本土乐队，他们打算以5加元的价格出售他们的音乐会门票。但是我们比他们更受欢迎，在YouTube上，我们的频道拥有更多的订阅者。

如何实施计划

首先，请其他人仔细审阅这份计划书，确保里面没有错误或者遗漏的信息。然后，把这份计划书复印并分发出去。通过你的计划书，说服投资者给你提供资金、资源或者其他好的建议。

消费群体

我们的粉丝是一些高中生和他们的父母。通过别人推荐、学校里的海报，还有我们的YouTube频道，他们认识了我们。有趣又有创造力的三姐妹，这是我们的一大亮点，所以他们很喜欢我们。

你的顾客是谁？他们为什么会喜欢你的产品？他们是通过什么途径了解你的产品的？

财务计划

我们需要募集资金，然后用这笔钱来租专业的录音设备，支付前往音乐会场地的交通费用。所以，我们下一个阶段大约需要200加元。

你需要培训、设备、材料或者场地来启动你的事业吗？这些大概需要花费多少钱？

盈利

我们将以5加元的价格出售音乐会门票，预计4个月可以收回前期投入的200加元。4个月后，我们希望乐队每个月能盈利100加元。

你的产品定价是多少？你期待的盈利是多少？（详见第34页和第54页。）

官方授权

明确你生活的地方有哪些商业法规，这一点很有必要。你可能需要办理相关许可，或者去政府部门进行商业注册，才可以在某个特定区域销售商品。

营业许可

不论你打算在哪里出售商品，想一想你可能需要找什么人咨询办理相关业务。

想要在学校里出售爆米花？

需要征得老师同意。

想要在城市广场经营一个柠檬汁摊位？

需要获得当地政府许可。

想要在集会期间提供宠物美容服务？

请先征得集会组织者的同意。

政府注册

企业成立时通常需要去政府部门注册。在进行注册的时候，你需要选择你的企业类型或者结构。最简单的一种企业类型是独资企业（或者说个体户）。

独资企业

只有一个人管理企业。

在一些国家，这是唯一一种允许18岁以下未成年人经营的企业类型。

需要提供的书面材料最少。

个人享有全部经营收益（减去需要支付的税费，详见后文）。

企业需要向政府缴纳一部分钱，这部分钱被称为税款。在创业初期，如果产品销量一般，你可能并不需要纳税，但是一定要遵守你所在地区的税法规定。更多关于税收的内容详见第58页。

承担责任

大多数企业是独资企业，其中很多企业非常成功。但是这种企业有一个弊端——独资企业有责任和义务偿还企业在经营中所有的资产损失，这叫作无限责任制。

有一些企业类型可以规避这种风险。最常见的一种企业类型是有限公司，也叫作有限责任公司。如果一家企业是有限公司，那这家企业的所有者只负责偿还一部分企业经营损失。

在大多数国家，有限责任公司的所有权被分割成等额的股份，这些股份由股东们持有。企业会将利润分配给公司的股东们，详见第102页。

其他类型的企业

合伙企业——和独资企业很相似，但是合伙企业是由两个或两个以上的合伙人共同经营，共享收益。

合作社——企业的所有权属于每一位经营它的成员，各成员合作生产、合作经营，利润平分给每一位在合作社工作的成员。

特许经营——特许经营者需要向总店支付一定的费用才可以使用它的商标、专有技术等。这是一种风险很小的企业模式，因为企业的经营理念已经被证实可以盈利。

非营利企业——这种企业的所有盈利将被用于公益事业。这种性质的企业通常是一家慈善基金会或者是一所学校。

做正确的事情

像独立的人一样，企业也应该诚实公正做事，并且尊重人与自然。这就是商业道德和职业道德。为了确保企业的经营合乎道德，企业家需要思考以下这些事情。

我的企业将会如何影响……

我的员工？

我该如何对待我的员工呢？

环境？

我的企业会消耗多少水和电？我如何把产品送到顾客手中？详见第93页。

周围社区？

我的企业对附近居民、我生活的城镇，甚至这个世界会产生怎样的影响？详见第80—81页。

顾客？

我的产品将如何改变顾客的生活？会对他们的生活产生积极的影响吗？

合法即可行吗？

国家法律给企业制定了合法与不合法的标准。一些企业为了赚钱，做了一些合法却违背道德的生意，比如出售香烟。你怎么看待这件事？

我们公司生产并售卖香烟，你想要一些吗？

科学家和医生已经证实香烟对人体有害，你为什么还要出售这些东西给我？

因为你需要啊，难道不是吗？商业存在的意义不就是满足人们的需求吗？

如果我需要一枚炸弹，你也会卖给我吗？

不会，因为贩卖炸弹是违法的。虽然香烟对人体有害，但是出售香烟并不违法。

越过界限

有时候，合法与违法之间的界限并不清晰，你会遇到一些没有明确法律界定的情形。这种时候，考虑这件事情是否合理可能更有意义。

商业道德和职业道德是商业关系中用来判断企业以及消费者、竞争者等各方行为是否正当的标准。你觉得下面这位经理的做法越过道德界限了吗？

良好的道德是经营之道

通常来说，经理需要公平地鼓励员工好好工作。员工情绪稳定或者愉悦的时候，工作效率会更高，可以为企业带来更多收益。因此，经理良好的职业道德和公司盈利密不可分。

第二章

如何销售产品

在你有了一个好的想法以后，你需要了解怎么样才能把产品销售出去。让顾客了解你的产品进而购买的过程叫作营销。好的营销方式会吸引顾客从你这里购买他们需要的产品，而不是从你的竞争对手那里购买。

赋予企业一个吸引人的特质或者品牌形象，可以帮助企业和顾客建立起情感上的联系。定价策略、销售地域的选择、促销的手段同样非常重要。

顾客在哪里购买

顾客在购物时，更倾向于选择一些便利的渠道。为了帮助企业决定在哪里销售它们的产品，经营者需要考虑消费者喜欢去哪里购买他们想要的东西。

假设一家企业出售一款叫“派克斯”的午餐盒，那么它的潜在客户应该是那些需要自带午饭到办公室的白领。下面是这家企业日常可以出售午餐盒的地方。

17: 00
下班之后
去超市

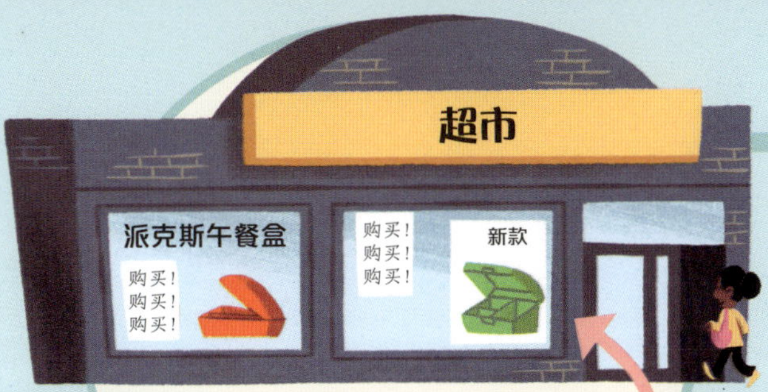

派克斯午餐盒可以在超市以特价销售。

促销中

18: 00
到家

促销中

商家也可以选择一个大多数顾客都在家的时间，派销售人员带着样品上门推销。

19: 00
查看电子
邮箱

可以把派克斯午餐盒的产品目录发送给顾客。顾客看到电子邮箱中的目录后，可以拨打上面的电话订购或者回传表格进行订购。

促销中

20: 00
拜访朋友，与朋
友共进晚餐

促销中

商家可以雇人把派克斯午餐盒推荐给亲朋好友，这种营销模式叫作“聚会营销”。销售者邀请朋友到自己的家中聚会，把社交和营销完美地结合在一起。

22: 30
准备睡觉

结束

尝试在不同的地方销售自己的产品，然后选择几个销量最好的地方，在这几个地方集中销售。

你的产品值多少钱

在为你的商品或服务定价时，要考虑顾客愿意支付多少钱。如果产品定价过高，顾客可能会拒绝购买。如果产品定价过低，企业就没有办法盈利，甚至可能会亏本。

价格 = 成本 + 加价

还记得南森吗？那个想卖爆米花的小男孩，他计算出每桶爆米花的成本是15元，他的售价是在成本的基础上再加一部分钱，这一部分钱就是加价。

为了确定加价的金额，南森考虑了一下他的潜在顾客是谁，以及这些顾客可能愿意为一桶爆米花支付多少钱。

每桶爆米花售价19元，也就是说，南森在成本的基础上，将每桶爆米花加了4元。每卖出一桶爆米花，他会赚到4元。

卖给卖家

有时候，企业直接把产品卖给最终消费者。但是，如果企业把产品卖给其他的商家，产品将会接触到更多的消费者。这些商家可以是一个商店，或者是其他出售商品给商店的企业。

迈克和他的合伙人莫汉一起生产并出售一种叫“儿童定位手表”的电子设备。在游乐场玩耍时，这种电子设备可以帮助父母追踪孩子的所在位置。

迈克和莫汉决定在全国的商店里出售儿童定位手表。他们把产品卖给批发商，也就是那些为许多商店提供货源的商家。

接下来，批发商会把这些产品出售给零售商，也就是那些把产品卖给最终消费者的商家。批发商在出售产品的时候会在购入价格的基础上加价，以获得利润。

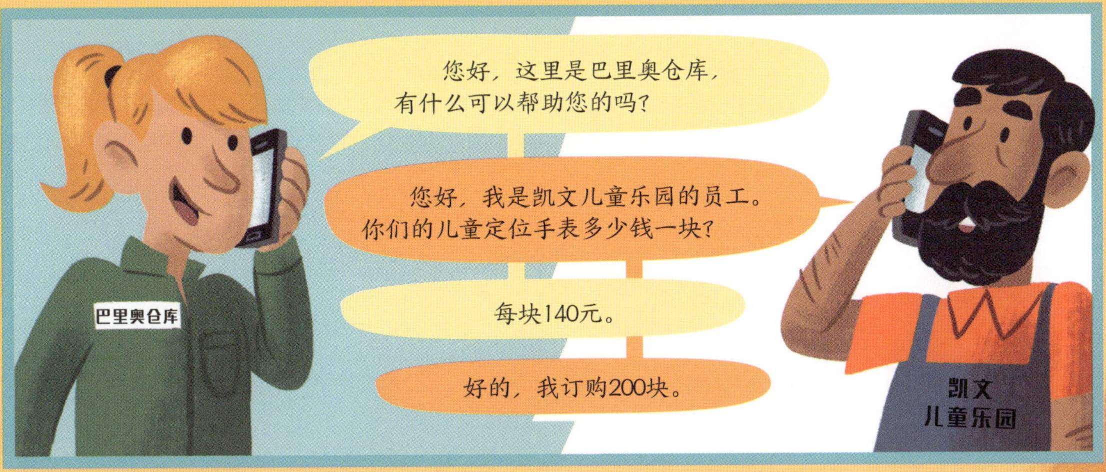

当零售商出售产品的时候，他们会继续加价。凯文儿童乐园最终出售儿童定位手表的价格与迈克和莫汉最初出售儿童定位手表的价格是一致的。

定价策略

你可能认为价格是生产产品过程中所有花销和利润的总和。实际上，定价也是营销的一部分，它是促使顾客进行消费的一种方式。以下是一些商家经常使用的定价策略。

低定价，赢得更多顾客

一些企业在发布新产品的时候定价很低。最初阶段，企业的目的并不是盈利，而是和它的竞争对手抢夺顾客。这就是所谓的渗透定价法，这种定价方法可以帮助企业迅速进入或者占领市场。

看上去更好，价格也更高

为了让顾客相信它们的商品或者服务质量很好，一些商家将价格定得很高，这被称为溢价定价。一般情况下，价格越高，品质越好。但是，也存在特例……

用特价产品吸引顾客

另外一种定价方法叫招徕定价。为了吸引顾客进店消费，商家会选择将一种产品的价格定得低于市场平均价。进店的顾客最后通常还会购买其他高价产品，商家通过这种方式实现盈利。

抬高其中一款产品的价格

在一系列产品中，将其中一款产品的价格定得远远高于其他产品，这会使其他低价的产品看起来物美价廉，这被称为诱饵定价。高价产品的作用就是促使顾客去购买其他低价产品。

给企业定位

吸引顾客的一个方法是赋予企业一种特质，这就是所谓的品牌。一旦顾客和品牌建立起情感上的联系，他们就会持续不断地为这个品牌消费，就像他们和品牌是好朋友一样。

如果把企业看成一个人，你希望它具有什么样的人格魅力呢？下面这些特质你可以考虑。

亲切　坚强　有影响力　青春　有激情

冷静　成功　体贴　高级　和善

友好　温馨　有趣　爱好户外运动　严谨　嬉皮笑脸

孝顺　健壮　有能力　随意　真诚

乔伊希望顾客每次光顾他的咖啡店，都可以感受到温馨又亲切的氛围。

他的咖啡店的名字取得很随意。

乔伊选择了一种比较随性的字体。

你可以用简单的图形或与众不同的书写方式让顾客记住你的店。拿乔伊的店来说，他选择用一杯吸引人的热咖啡作为他的店的标识。

咖啡店里的家具、照明，还有装修风格，都给人一种宾至如归的感觉。

咖啡店以暖色调为主。

当和顾客们交流的时候，乔伊会用一种友好亲切的语气。

利拉和她的朋友德鲁正在讨论她的新公司的品牌。

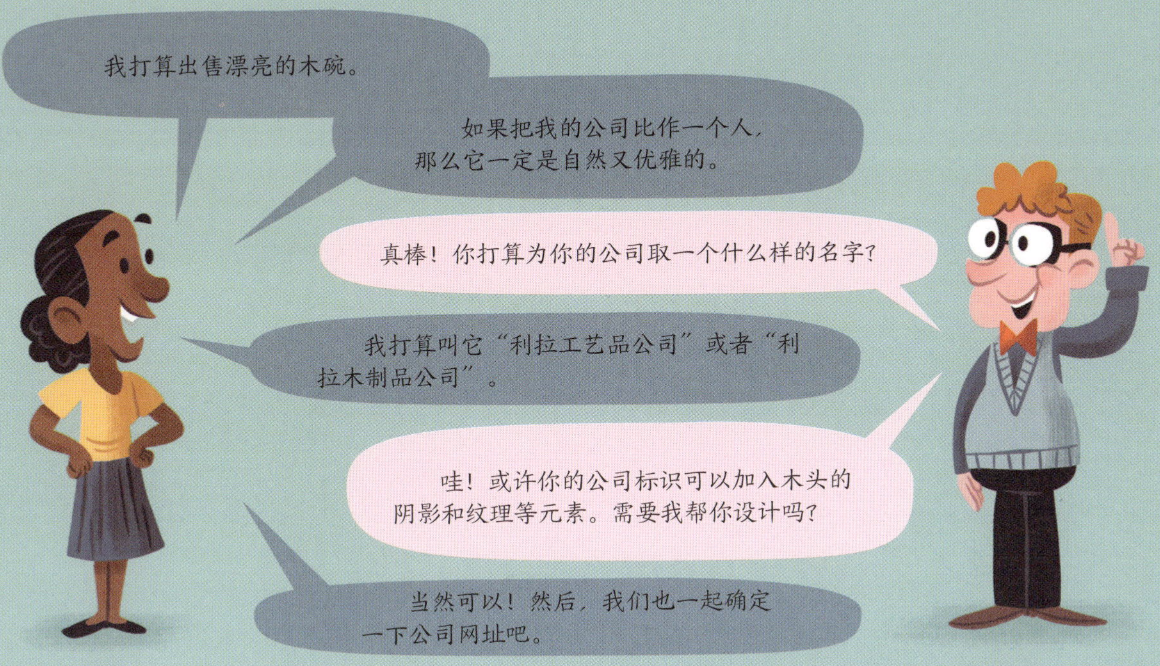

小心这类出现歧义的情况，确保你的品牌名称所传递的信息和你想要传递的信息是一致的。

挖掘产品卖点

成功的企业都会向顾客描述它们的产品的特点，给顾客一个强有力的消费理由，这些具有说服力的语言就是营销信息，它们往往会迎合人们的情感需求。

还记得第18页我们提到的玛莎吗？她打算做T恤衫生意，她的朋友伊莉斯正在帮她写营销信息。

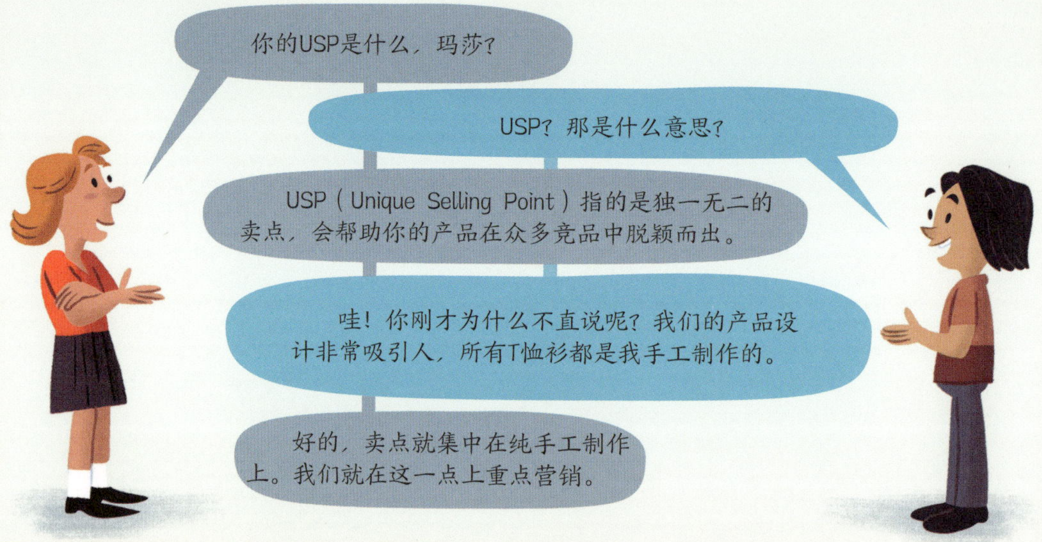

伊莉斯给玛莎提供了一些营销信息，并解释了她为什么这样写。

告诉顾客他们很美丽是一种善意的恭维，这种恭维可以让他们自我感觉良好。

“限量手工制作”给人一种独特的感觉。拥有一些别人没有的东西会让人感觉自己与众不同。

“当地时尚奇才”是一个引人注意的描述方式。人们容易记住那些夸张的词语。

商家希望可以触发潜在顾客购物的情绪。这种情绪可能是消极的，比如恐惧；也可能是积极的，比如感激。

»营销语的作用很有限

有时候，无论营销语多么引人注目，还是没有办法把没有价值的产品销售出去。这就是为什么很多公司会花费大量时间来提高产品品质，这样才能更好地满足顾客的需求（详见第16页市场调研）。

对产品进行虚假宣传是违犯法律的。要想让你的产品拥有很好的口碑，请确保产品本身品质优良！

扩大宣传

营销信息只有传递给潜在的顾客才有存在的意义。所以，商家会以各种各样的方式将营销信息传播出去，这就是所谓的推广。

现在，玛莎和伊莉斯想把玛莎T恤衫推广到他们的家乡多克斯福德。

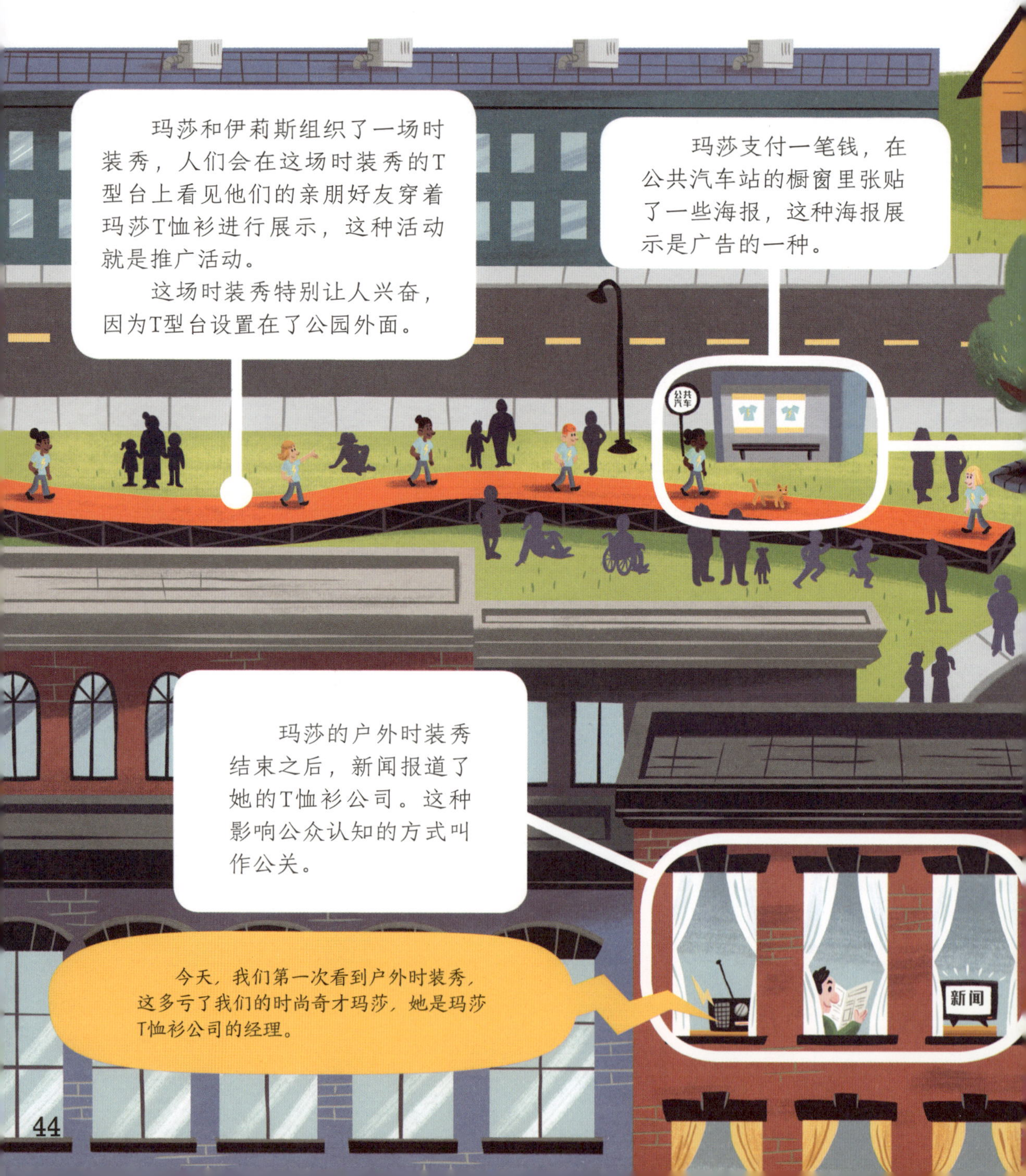

这个人在门前的邮箱里收到一封关于玛莎T恤衫的信。这叫作直接营销。
意料之外的是，时装秀的时候一只猫从T型台上走过，这一幕被现场观众拍摄下来上传到了网络，这条视频被转发5,000次。玛莎非常开心，因为从视频中可以看到她的产品海报。像这样，营销信息在网络上通过视频等方式快速传播叫作“病毒式传播”。
U-TOOB
一只走T型台的猫
玛莎
T恤衫
玛莎
T恤衫
赞：7000
分享：5000
玛莎支付了网络广告费。当人们在网上搜索T恤衫和他们的城镇名称的时候，玛莎的广告会出现在页面上。
T恤衫 多克斯福德
玛莎T恤衫
现在购买
玛莎和伊莉斯正在向人们分发可以打折的优惠券，鼓励人们消费。
玛莎
T恤衫
10%
折扣优惠券
人们在聊天的时候会随口谈到产品的吸引力，这叫作口碑营销。
我刚刚观看了多克斯福德的时装秀，那里的T恤衫真的很不错！关注一下玛莎T恤衫，我相信你会喜欢上这个品牌的。

定向推送

通常来说，企业不会向所有消费群体推送相同的营销信息。相反，他们会尽可能地了解顾客，然后针对不同的顾客提供不同的营销服务。为了完成这项任务，企业首先需要收集大量信息，这些信息叫作数据。

这是安妮。上周，她曾去超市购物，使用过吉他校音手机软件，登录过社交媒体。她每天都会佩戴健身追踪器。

这是企业所了解到的安妮的全部信息：

安妮是一位年龄在18—25岁的女性。

她经常吃麦片、鸡蛋，还有巧克力饼干。

安妮昨天晚上弹奏了吉他，并且在阿什维尔待了很长时间。

她住在杏溪附近，对滑雪非常感兴趣。

安妮昨天跑步8千米，上周跑了6千米。

企业是如何了解到安妮的信息的？

企业如何利用这些信息？

超市知道安妮的年龄，因为上周安妮填写了一份超市发给她的调查问卷。

超市知道安妮经常吃什么，因为她有一张超市积分卡，每次安妮在超市购物，她都会刷一下这张卡。

超市会给安妮发放她经常购买的商品的优惠券，同时也会给她发放谷物棒的优惠券，虽然她从来没有买过谷物棒……

对于其他经常购买麦片的18—25岁的年轻人，超市也会根据积分卡里的数据发放优惠券。

吉他天堂这款软件知道安妮什么时候在哪里弹吉他。因为当安妮弹吉他的时候，她会使用这款软件校音，同时开启定位服务。

吉他天堂向安妮发送电子邮件，告知她最近在阿什维尔有一场吉他演出。

在社交平台上，安妮很喜欢关于滑雪的内容，并且定位过她住在杏溪。

杏溪附近的雪山滑雪度假区通过社交平台把安妮定位为他们的目标客户。当度假区的滑雪条件良好的时候，他们会投放日票广告。

安妮在跑步的时候会佩戴Active健身追踪器，具体的运动数据可以传输到手机的应用程序，因此Active可以获取安妮的跑步情况。

Active通过手机短信给安妮发送运动技巧，安妮发现这些小技巧对她很有帮助，所以她成为Active的忠实用户。她以后还可能会购买他们的运动器材。

营销灾难

有些企业以不诚实、不公平或者不负责任的方式推销自己的产品。不管这样做是否违法，一旦使用了不道德的营销手段，企业的名誉都会受到严重损害。以下是企业违规的一些真实案例。

夸大效果

一家名叫塔尔（Tarr）的美国公司在网络上推出了一款抗皱面霜，但是夸大了产品的使用效果。

在营销中，误导他人是违法的行为。塔尔公司被判处600万美元的罚款。

传递危险信息

爱尔兰一家保健公司——欧米茄医药产品有限公司被勒令撤销其在电视台的减肥药广告。

广告中，一个身材姣好的女人抱怨她的体重，这会刺激体重正常的人过度减肥。

发送垃圾邮件

CompuFinder是一家加拿大公司，在未经用户允许的情况下，该公司向几百名用户发送邮件推销健身课程。这种邮件通常被称为群发垃圾邮件。

由于加拿大的法律反对群发垃圾邮件，所以该公司被处以20万加元的罚款。

面向儿童做广告

瑞典一位儿童博主在一段线上视频中向观众热情地展示她的洋娃娃，她的这一行为违反了瑞典广告法规。这是因为她并没有声明，她是在为一家名叫GR的贸易公司做广告。

当公司向儿童进行营销时，孩子们经常没有办法分辨，所以广告中必须要明确标注出来。

定价虚高

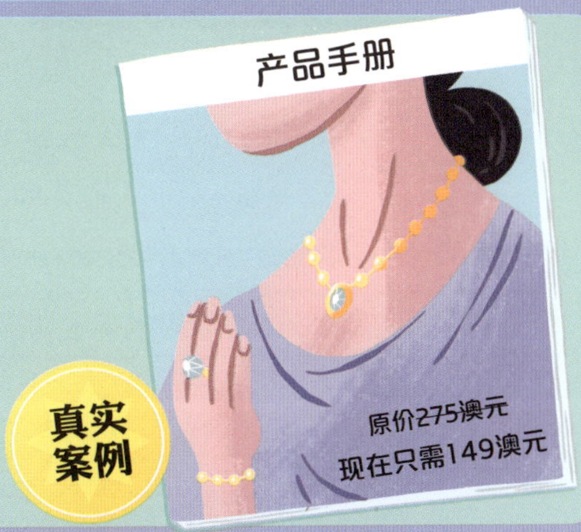

澳大利亚的Zamel公司以巨大的折扣力度营销他们的项链和手链。

顾客以为他们买到了物美价廉的产品，但事实上，这些产品从未以其标注的原价出售过。因为违犯了相关法律，Zamel公司被处以25万澳元的罚款。

含有冒犯性内容

“神奇床垫”是美国一家经营床垫生意的公司。2016年，它推出了一段与2001年美国遭受的恐怖袭击有关的推广视频。在视频中，这场导致近3,000人丧命的恐怖袭击成为笑点。

这段视频推出后，美国民众非常愤怒，成千上万的美国人共同抵制这条视频。“神奇床垫”的名声一落千丈，以至于公司不得不停止营业。

无论在什么地方，你都需要考虑不同的人群会对你的营销活动有怎样的反应。如果你不确定大家的反应，那就先做一次市场调研吧！

第三章

明确资金流向

听起来可能有些无聊，但是做好企业资金流入和流出的记录对企业的成功至关重要。关于企业资金流向的记录叫作账目，它展示了企业的收入以及企业应纳税款的数额。

大约有三分之一的企业在创立后不到两年就倒闭，主要原因是企业耗尽了它们的资金。所以，密切关注企业账目，可以帮助管理者更好地做长远计划，避免意外损失，同时增加成功的机会。

流入与流出

通过出售商品而流入的资金叫作收益。流出的资金与企业运营花费的资金总额叫作成本。

米娜打算创办一份月刊，在学校里售卖。以下是米娜的10月号杂志投入的成本以及她可以从中获得的收益。

所以，制作100本杂志的总成本是：200+150+10=360（元）。

»做好记录

记录成本和收益最简单的方法是把资金的流入和流出写在你随身携带的笔记本上。

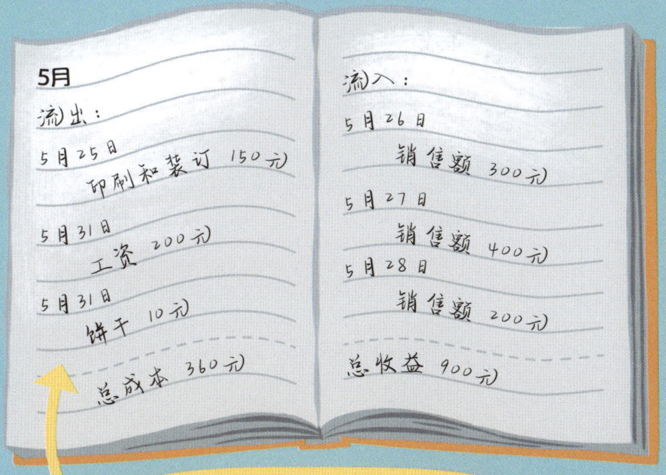

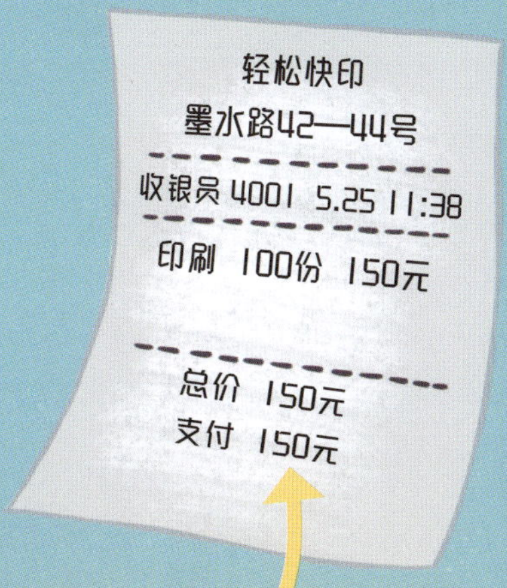

当你翻到这一页的时候，日期和对资金流入流出的简单描述可以帮你唤起记忆。

保存好账单和收据可以帮助你回忆你的收支项目。

做收支记录看起来很无聊，但这是你了解自己到底赚了多少钱的唯一途径。另外，根据法律，你也应该对你的收益进行记录，这样方便你知道自己的企业应该缴纳多少税款（详见第58页）。许多企业家会雇用专门的会计师帮助他们管理企业账目。

盈利

一家企业的收益扣除成本以后剩下的钱就是利润，盈利是大部分企业的主要经营目标。

利润 = 收益 - 成本

亏损

有时候，企业的收益会少于它们成本方面的花销，这样，它们就会亏损。这可能是因为它们的产品销量过少，销售价格过低，成本过高，或者是消费需求不足。

米娜可以通过下面这些方法减少她的损失——

降低成本。

改变经营方式。

提高收益。

提前规划

企业需要有足够的资金支付账单、供应商货款和员工工资。这些成本通常发生在企业有收益之前。企业需要密切关注自己的现金流，也就是企业银行账户上资金的流入和流出。

逐日能源公司的经营者们正在计划为公司的新客户建一个太阳能发电厂。

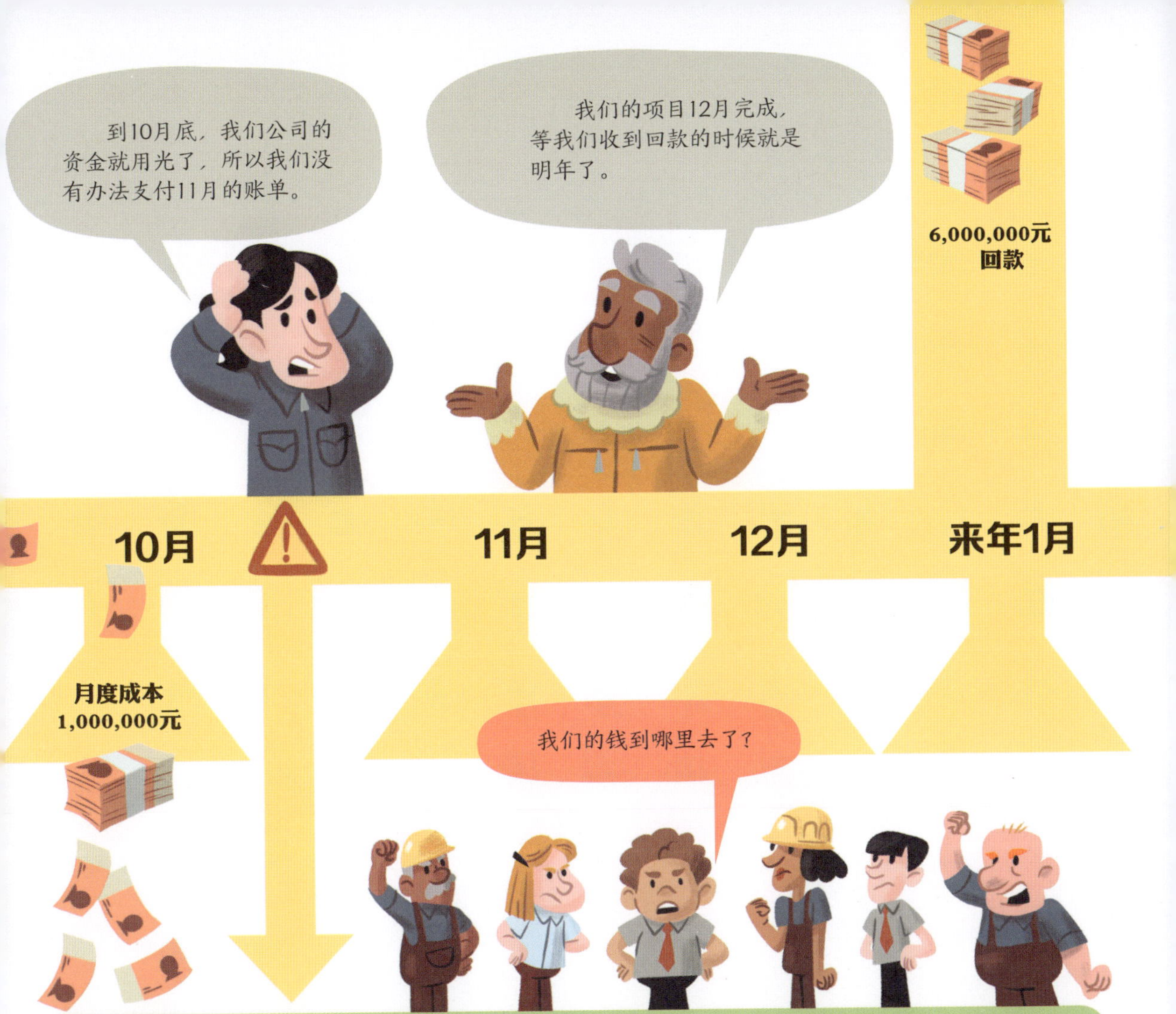

所以，逐日能源公司需要事先规划一下资金流向，以免在来年1月份之前用光企业资金。下面几个办法也许能帮助企业解决现金流的问题。

纳税

一家成功的企业，所获得的收益不能全部据为己有，需要把部分收益以纳税的方式回馈社会。税款是政府向征税对象收取的钱，无论个人还是企业，都需要纳税。税款将会被用于公共服务，比如道路和学校。

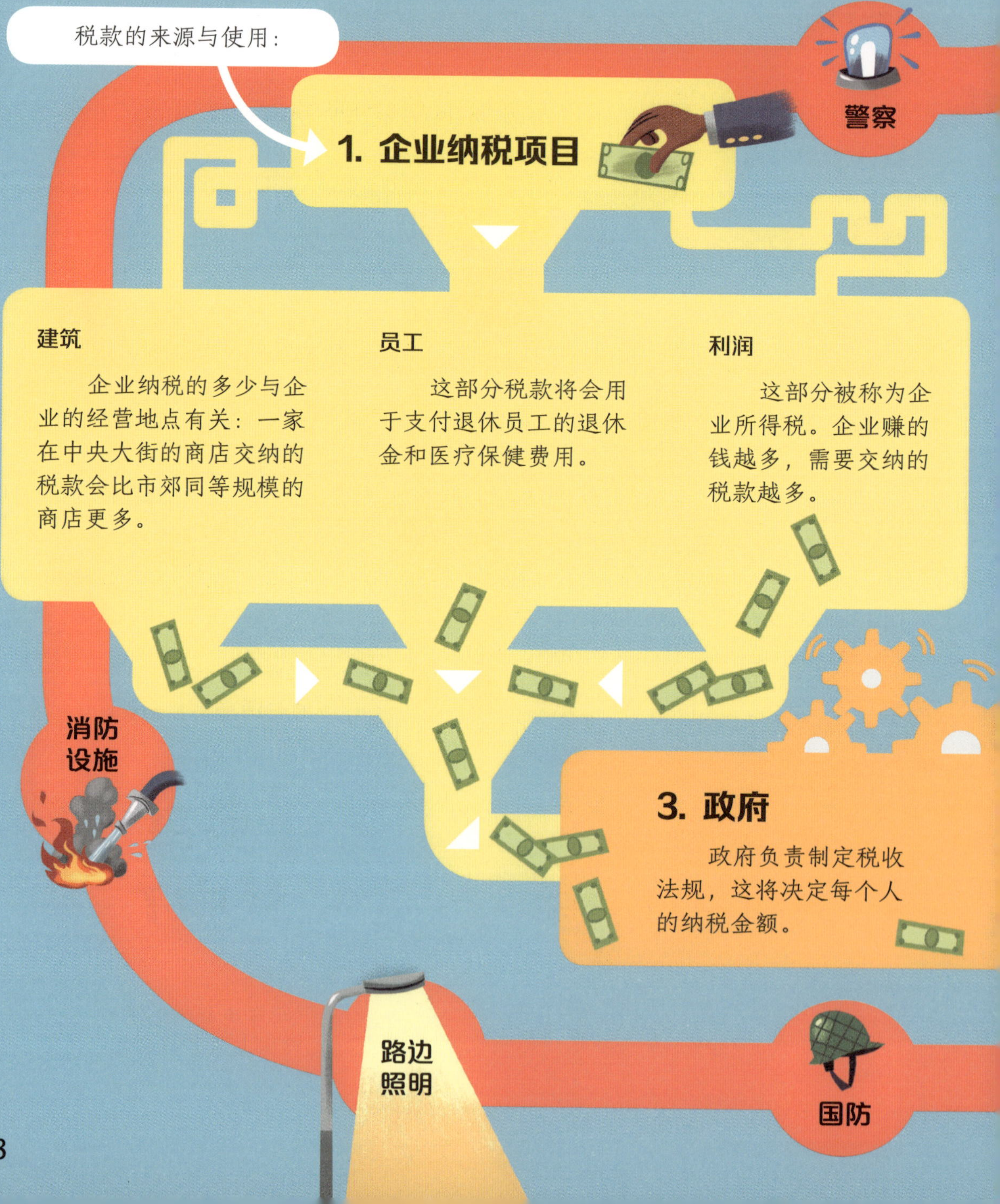

学校

图书馆

道路

医疗

2. 个人纳税项目

消费

大部分商品的价格中都包含了增值税或销售税。

收入

在大多数国家，个人所得超过一定数额都需要交纳个人所得税。

资产

在许多国家，个人需要为其所拥有的资产、继承的财产纳税。

司法系统

政府会使用税款建设有益于企业和个人的公共服务项目。大多数人都认可，税款有助于社会更好地运转。

废物处理

4. 公共服务

这些公共服务项目会使所有人受益。

保证账目真实

根据法律规定，企业需要诚实地记录账目明细。无论对于企业本身，还是投资者和政府，这都非常重要。

企业需要对以下事项做好账目记录：

- 资金流出
- 资金流入
- 盈利和损失
- 应付账款和应收账款
- 自有资产，比如设备或者该企业持有的其他公司股份

会计师会帮助企业管理账目，很多时候，这项工作并不那么简单。

如果企业提供虚假账目……

基于错误的财务信息，企业很难做出正确的商业决定。

政府可能没办法收到真实金额的税款。

投资者没办法知道企业的真实经营情况，所以他们的投资会承受很大的风险。

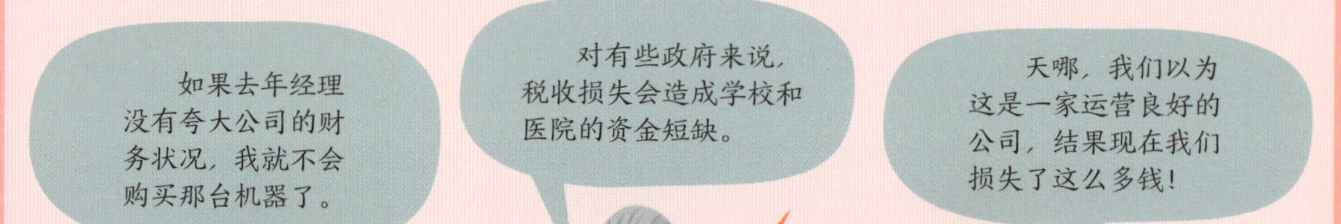

所以，保证账目真实具有道德意义和商业意义。

»少纳税可以吗？

为了省钱，企业通常希望可以减税。政府特地制定了相应的税收法规，帮助某些特定的企业减税，比如创业公司可以享受税收减免政策。但有的时候，大企业会寻找税法漏洞偷税漏税。有些人认为，这样的行为虽然不违法，但仍然属于欺诈行为。你怎么看待企业的这种做法？

斑点移动公司的业务主要集中在印度，但是它的注册地是税率更低的开曼群岛。这样的经营安排是完全合法的，但这意味着印度政府会损失数百万元税收。

为什么生意会失败

做生意最大的风险就是资金用尽后企业倒闭。很多企业都是由于这样的原因在成立的最初几年内倒闭，即使是那些非常成功的商业人士，比如伟大的发明家和企业家托马斯·爱迪生（Thomas Edison），也同样经历过失败……

聪明的竞争者

1875年，我发明了一种用电池供电的笔，它可以帮助人们复制文件。人们一开始很喜欢它，但好景不长。

想法很好，但不可行！

1881年，我发明的会说话的娃娃原本应该卖得很好，但是却在短短几周之后被强制下架了。

全球事件

1904年，我开展了一项新业务——在德国出售我发明的产品。后来因为国家陷入了战争，德国人民基本不去商店购物，最后我不得不关门停业。

很多企业家曾经失败过。他们从失败中吸取经验，重整旗鼓。有时候，失败甚至可以带来一个机会。

路的尽头

如果一家企业用尽了它的资金，无法偿还债务，那么它是失败的。但是，故事并没有到此结束。接下来会发生什么呢？

真实案例

求助！

首先，俄罗斯洲际航空公司所有者尝试与债权人沟通，试图延长还款时间。

债权人拒绝了他们的提议。

低价出售

接着，所有者尝试以1美元的价格出售公司。新的所有者需要接管该公司之前的债务，并让俄罗斯洲际航空公司重新盈利。

没有人愿意购买这家公司。

歇业

最终，这家航空公司不得不歇业，并且变卖资产，以尽可能多地偿还之前的债务。这就是所谓的清算（对于独资企业来说，这称为破产）。

生活不会永远糟糕

很多企业倒闭后就不再背负债务。只要企业所有者支付了最后的账单，交纳了税款，他们需要做的只是在文件中注明债务关系解除。从此以后，他们就可以继续自由前行了。

谁是输家

俄罗斯洲际航空公司倒闭的时候，给很多人造成了金钱损失，甚至让他们丢掉了工作。公司清算耗费了大量时间，大多数人永远无法得到全额的补偿。

很多人都依赖企业生活，所以企业应当担负起责任，不要随意冒险。

第四章
商业中的人们

商业活动的主体是人。一位具有感染力的领导者和一群积极的员工可以改变一家企业的命运。依靠经理所掌握的丰富经验和卓越技能，企业会变得越来越好。

企业的经营受到顾客购买需求的直接影响。保护消费者（产品的最终使用者）以及当地社区的权益是一家企业应尽的责任。

企业中的角色

经营一家大企业需要很多人。以下是一家制造电动自行车的有限公司的内部职位结构。

首席执行官（英文缩写为CEO）主管整个企业的行政事务。

董事会为企业的发展制定长期目标。比如，董事会有权雇用或者解雇CEO。

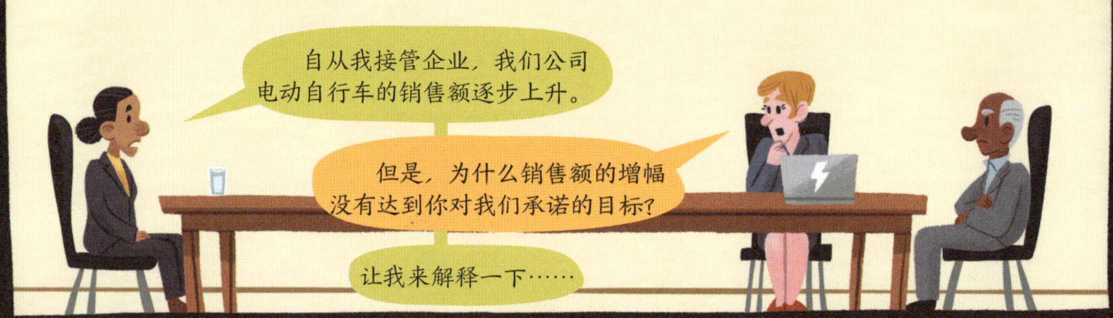

员工被划分成不同的团队，从事不同的工作。

股东持有公司的股份。股票的价格会随着企业的经营状况而变动。如果股东在企业经营状况良好的时候出售股票，就可以从中赚到一笔钱。

在年度例会上，股东选举出董事会的成员。

轻松电动自行车

经理负责管理一个特定的团队或者部门。

经理和员工都是雇员，他们为公司效力以获得报酬。

首席执行官和董事也会得到企业支付给他们的报酬，但是每个国家具体的薪酬规定不尽相同。

企业以外的人，比如顾客或者住在企业附近的居民，会受到企业经营状况的影响。详见第78—81页。

如何领导企业

如果你是一位领导者，那么会有很多事情需要你来考虑。卢安娜经营着一家邮轮公司——托帕斯邮轮公司，作为这家公司的CEO，她需要经手以下事务。

绘制蓝图

卢安娜对托帕斯邮轮公司未来5—10年的前景有着清晰且雄心勃勃的规划。

鼓舞员工

卢安娜和员工们交流她对企业未来发展的期望，并且鼓励员工和她一起将计划实现。

改革创新

她有一系列使企业脱颖而出的创新性想法。

经营管理

卢安娜合理地安排项目、管理员工，所以她的公司运转非常顺利。根据预算，她将资金分配给了不同的项目部。

（在一些大企业里，CEO将管理权委托给其他人，以便自己有更多精力思考企业的创新与长期发展。）

员工发展

卢安娜帮助员工掌握新的技术，这样员工可以更高效地完成本职工作。

做出艰难的决定

为了维持公司的正常运作，卢安娜有时不得不让自己不那么受欢迎。

»微型企业管理者

微型企业（员工不超过10个人的企业）的领导者需要承担以上所有的工作。除此之外，从融资到市场营销，再到产品生产，他们也需要亲力亲为。

多样性

雇用不同背景的员工使企业内部具有多样性，企业中团队成员的年龄、民族、性别、健康状况以及受教育程度会不尽相同。劳动力中包括那些可能受到歧视的少数群体是很有意义的。请接着往下看。

雇用

企业在雇用新人时，需要确定这个人能胜任这份工作，雇用的过程要公平。下面是公司雇用员工的流程。

确定应聘者需要具备哪些技能和经验。

在招聘网站上发布招聘信息。

有时，企业会联系一些正在为其他企业工作的员工，鼓励他们转入本企业，这叫作猎头招聘。

正在找工作的人申请应聘。

筛选出最优秀的应聘者进行面试。

应聘者到公司面试，面试官询问他们一些问题，以判断他们是否适合这个职位。

面试后，给最适合的应聘者发送入职邀请。

应聘者接受企业的入职邀请后，企业需要进行员工入职背景调查。

和即将入职员工的前同事进行沟通，确认员工在之前的工作中是否足够可靠。

在新员工开始工作之前，进行必要的培训。

为了招聘到最满意的员工，同时保证招聘过程的公平，企业可以这样做：

在以少数群体为受众的网站和报纸上发布招聘广告。

删除应聘者的姓名和年龄信息，避免因为申请者姓名或者年龄而对其做出错误的判断。

提供有偿实习机会，帮助贫困的年轻人迈出事业发展的第一步。

团队合作

企业通常会把职能相似或者项目相同的员工分配到同一个团队。团队协作往往比员工独自一人工作效率更高。

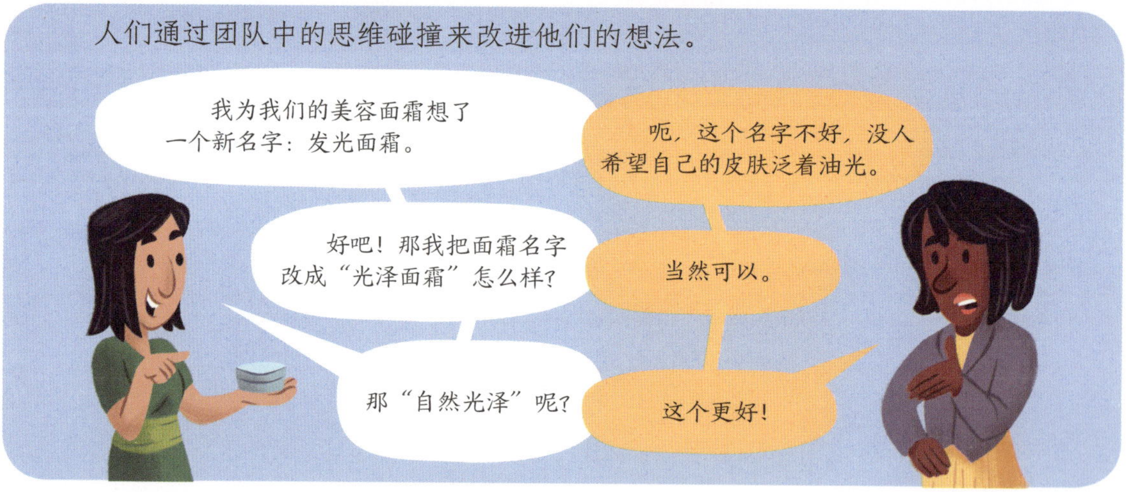

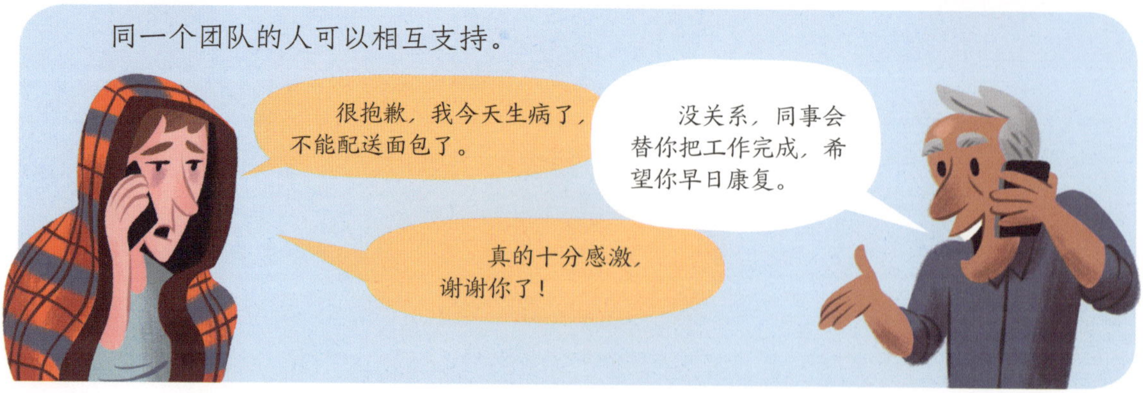

鼓励员工

对工作有激情、对企业尽心尽力的员工通常效率更高，所以，为了企业的利益，管理者应该让员工保持心情愉悦。用下面的方法可以调整员工的心情。

第一步：改善工作条件

这样的工作条件很容易让员工变得消极，就算管理者将这些问题全部解决，也不能使员工开心，仅仅可以避免员工不开心。

第二步：让员工获得工作满足感

要想让员工心情愉悦、有积极性、效率高，可以从以下这些方面着手。

优秀的管理者会从以上各方面尽可能地提高员工的工作满足感。

工人的权利

在企业中，领导者比员工拥有更大的权力。这使得员工更容易受到伤害，领导者可能会迫使员工过度劳动，给员工支付过低的薪水，还有可能将员工置于危险的境地。以下国际条例可以保护工人的利益，这些条例也被称为工人的权利。

每位工人都享有的权利

- 选择是否工作的权利。
  每个人都不应该被强制工作，也不应该因为拒绝工作而受到惩罚。
- 拒绝被歧视的权利。
  比如，女性以及少数民族应该与其他人享有同等的工作机会。
- 公平地获得报酬的权利。
- 工作中保障自身健康以及安全的权利。
- 拥有幸福的童年。
  如果工作会影响未成年人的学业或者将他们置于危险的境地，那么他们应该被禁止工作。
- 加入工会（详见下一页）的权利。
- 带薪休假的权利。

实际上，根据不同国家的法律规定，全球各地的工人享有不同的权利。

»工人的力量

工人通常希望拥有更好的工作条件，比如提高薪水、更多带薪假期或者更安全的工作环境。如果工人们联合起来向雇主提出要求，他们的力量不容小觑。如果雇主拒绝了工人们的要求，他们可能会发动罢工。

工会（或者说工人联合会）组织可以代表工人的利益。工会支持工人对雇主提出他们的共同需求，也会帮助工人组织罢工。

在大多数地方，雇主阻止工人加入工会是违法的行为。如果企业领导者尊重工会的活动，那么建立良好的企业内部关系也是工会应尽的义务。

消费者和顾客

使用商品或者享受服务的消费者和购买商品或者服务的顾客很多时候并不是同一个人。企业与消费者、顾客之间的关系非常重要，需要用心维护。

消费者的力量不容忽视。如果一个婴儿不喜欢某种婴儿食品，他的父母便不会再次购买，父母在网上关于这款婴儿食品的评价会影响其他的顾客，进而影响企业下一步的销售计划。

好的企业不会坐等消费者的反馈，他们在设计产品的时候就会将目标客户的需求考虑进去。详见第16页的市场调研。

»保护消费者

有的企业缺乏诚信，产品粗制滥造，法律会保护消费者远离这样的企业。在很多国家和地区，以下情形是违法的。

出售不安全的产品。

出售假冒产品，比如仿造的名牌手提包。

服务水平低下。

发布虚假广告。（详见第48—49页。）

在很多国家和地区，如果产品存在瑕疵，依照法律，消费者可以退货，并要求商家退款。

产品召回

如果企业发现其出售的产品存在缺陷，可能会把批发商、零售商或最终用户手上的产品收回，这种行为叫作产品召回。

相比于等待产品发生事故，企业这种召回行为可以最大限度地减少名誉损失，降低被愤怒的消费者告上法庭的风险。

产品召回通知

真实案例

根据反馈，2004年4月至2006年7月之间消费者购买的笔记本电脑存在电池爆炸隐患，我公司决定对该部分产品实施召回并退款。

控诉

消费者对商家感到失望的时候，可以对他们进行控诉。

如果企业违犯了法律，消费者可以向政府提出诉讼。如果受影响人数很多，消费者权益保护组织会将权益受到侵害的消费者组织起来，进行集体控诉。

这些组织会告诉消费者他们拥有哪些权利，并对被控诉的商品或服务进行独立的鉴定。

社会影响

企业会为当地社区的居民带来收益、工作机会，还有相应的服务，对社区产生积极的影响。

布伦海姆大剧院使当地社区在各方面受益。

创造工作机会、带来新的顾客会产生积极的连锁反应。

1.一家当地企业会吸引顾客到其他的当地企业。

2.更多当地企业蓬勃发展。

1.当地企业创造工作机会。

2.员工有更多的钱用于购买消费品。

3.更多的钱用于购买其他当地企业的产品。

4.更多的当地企业蓬勃发展。

但是，企业也会对当地社区产生消极的影响。

企业忽视自身发展对当地居民造成的消极影响，是非常不道德的，也是极其短视的。企业可能会被告上法庭，因为对当地社区造成的损失而被迫赔偿一大笔钱。

一些有害的企业甚至不能顺利开展业务。企业的建立需要来自地方或者中央政府的许可，尤其是一些大型商业活动，比如钻探石油。社区居民可以公开抗议，以此阻止破坏性商业活动获得经营许可。

第五章 产品生产

在把想法变成产品的过程中，企业需要完成很多工作。它们需要从世界各地寻找原材料，然后雇用合适的人，购买合适的工具和设备制造产品。最后，还要将产品投放到顾客可以接触到的平台。

企业生产过程中面临这样一个挑战：生产出的产品要物美价廉，符合顾客的需求，同时生产效率高，生产过程不会对人或环境造成危害。

生产模式

制造商品和提供服务的过程我们称为生产。生产的方法有很多种，经营者需要选择最适合本企业的生产方法。

定制生产

产品一个接一个被生产出来的过程我们称为单件生产。这种生产模式适用于那些用来满足顾客特殊需求的定制产品或者只生产一次的产品。

分批生产

另一种生产模式是按组生产或者分批生产。相比于单件生产，这种模式生产周期更短，成本更加低廉。

批量生产

企业有时候需要在工厂用专门的机器生产大量的同款产品，这就是批量生产。这种生产模式需要大笔资金来启动，但是一旦形成这样的生产线，后续的产品生产非常迅速，而且成本较低。

大规模定制

这是一种将批量生产和私人定制相结合的生产模式。

产品供应链

日用品的生产通常涉及复杂的国际化生产网络，这样的网络被称为供应链。供应链会使人们不清楚产品是使用什么原料生产的、怎样生产的，以及谁应该对产品生产负最终责任。

下面是一双鞋的供应链的基本结构。

1 这双鞋是在美国设计的。

2 纺线的工作在保加利亚完成。

3 鞋内底产自中国。

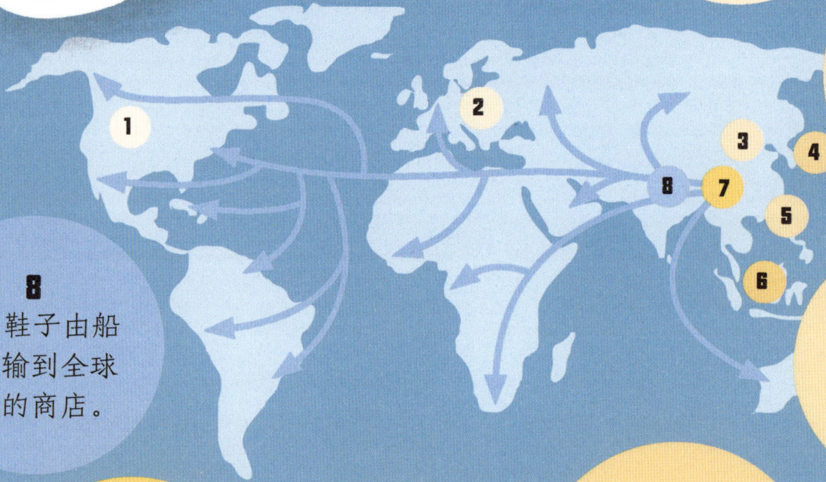

8 鞋子由船舶运输到全球各地的商店。

4 合成革产自日本。

这种合成革的原料聚氨酯来自美国。

7 鞋子的组装在中国完成。

6 橡胶外底是在印度尼西亚制造的。

橡胶来自泰国的一家工厂。

5 内衬、标签和鞋带也产自中国。

棉花来自印度，聚酯纤维来自沙特阿拉伯。

每一个供应商都还有它自己的供应商。

以下是企业需要拥有全球供应链的原因。

高质量、低成本的原材料

每个国家通常都有自己的专长，并因为其制造的某种产品物美价廉而成为这个领域的世界领导者。

廉价劳动力

企业可以利用一些国家的低薪优势降低生产成本。

»不知道，不关心

全球化供应链体系可以为世界上一些贫困地区提供工作机会和资金，但是这些企业为当地工人提供的恶劣工作环境，却不容易被大品牌和顾客所发现并提出质疑。

下面是孟加拉国某个工厂的工人们。

那些为其他人生产廉价商品的弱势工人需要被保护。企业可以明确产品的生产方式、生产者，同时保证产品的高质量，并把相关信息告知理性的消费者，以此维护工人的权益。

低投入，高产出

如果一家企业可以比竞争者生产速度更快，产品质量更高，产品价格更低，那么这家企业将会吸引更多的顾客。所以，企业需要不断优化生产流程。

精益生产

20世纪70年代，日本汽车制造商丰田的工程师创造了一种生产模式叫精益生产。这种生产模式通过减少各种废材消耗来降低成本。以下是丰田工程师新乡重夫（Shigeo Shingo）推荐这种生产模式的原因。

真实案例

库存过剩

为了使产品供应及时，企业通常需要提前准备好原材料。然而，原材料库存需要花费很多钱来储存和维护。

企业需要原材料时，可以要求供应商直接将原材料运到工厂车间，以此将库存压力降到最低。

浪费时间

员工在楼与楼之间穿梭寻找工具和原材料非常浪费时间。生产过程中任何延误都会导致后期更长的延期。

所以，企业可以把工具放在触手可及的高度，便于工人在操作过程中取放工具。

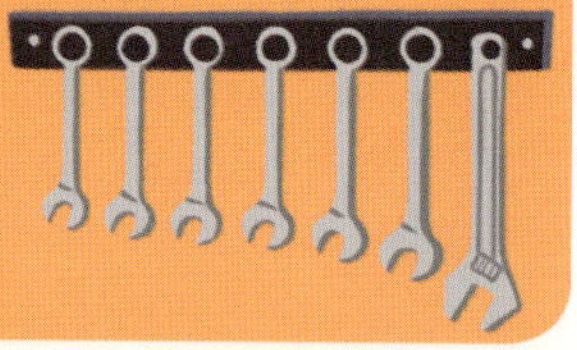

过度生产

如果企业生产的产品销售情况不尽如人意，会造成资源和金钱的浪费。

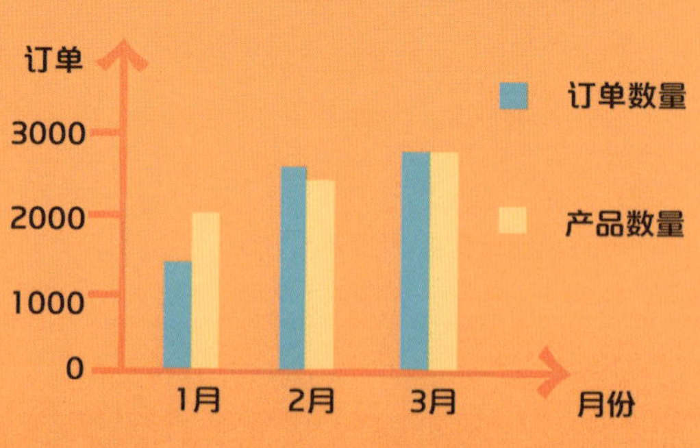

比如，1月的时候这家公司多生产了500件产品。为了避免过度生产，它可以等到顾客下新订单之后再开始生产。

复杂的产品

除非产品的某个特性对消费者来说非常重要，否则给产品附加这样的特性是不值得的。

它会增加产品的成本，又不能带来额外的价值。

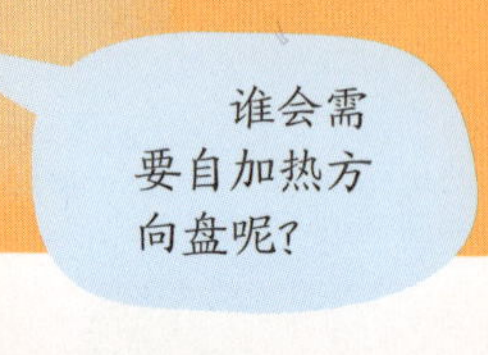

不断提高

如果一家企业停止了进步，那么毋庸置疑，将会有其他企业带来更完善的流程，生产出更好的产品，抢走它的顾客。为员工提供更多培训是一个提高生产效率的好办法。下面还有一些方法可供企业借鉴。

投资设备

集思广益

向最好的学习

品质销售

优质产品可以满足顾客的期待。只有顾客喜爱这款产品，他们才可能再次购买，并将产品推荐给其他人。企业要重视产品质量，高品质的产品是高销量的保障。

各个环节精益求精

这款浏览器拥有很多忠实的用户，原因有以下几个方面。

土星 这里唯一的浏览器！

概览 | 评论 | 帮助 | 相关内容

容易下载

这款浏览器非常容易下载。屏幕上的下载指南字体大而清晰，也有音频版的指导。我将它推荐给了其他网络新手。

★★★★★

米格尔（加拿大）

全面测试

这款浏览器的最初版本只向经验丰富的程序员开放，所以，我是第一批参与测试并指出浏览器问题的程序员之一。我很享受这种可以参与设计过程的感觉。

★★★★

尼娜（德国）

个性化定制

太神奇了！你可以自己设定浏览器显示的信息。如果你想要一张星空图以及排球新闻出现在你的主页上，你可以通过自己操作来实现。

★★★★★

易薇（新加坡）

热心的团队

有一次，我无法个性化设置工具栏里的内容。我向浏览器的服务团队请求帮助，他们很快就回复了我的请求。他们真的是训练有素又非常热情。真棒！

★★★★★

阿戴泽（尼日利亚）

容易卸载

这款浏览器并不适合我，但是至少卸载非常容易。

★★

郁先生（日本）

虚心改进

我曾经写过一封邮件抱怨下载时长，感谢他们道歉并帮助我解决问题。

★★★

奥利维亚（爱尔兰）

品质要多高

高品质的产品需要投入更多生产成本，所以，企业必须确定顾客愿意为高品质付费。有时，企业不得不为了降低价格而牺牲一小部分品质，这样做是具有商业意义的。

高品质产品并不一定是永久性产品

如果一种产品可以永久使用，顾客将永远不需要购买新产品。所以，企业通常会生产过段时间总会过时、损坏或者一定会被新产品取代的产品。这样的生产策略会促使顾客更早地购买新产品，而不是等到需要的时候再买。这就是所谓的“计划性淘汰”。

生产故障

如果对生产过程没有合理把控，将会带来很糟糕的后果。比如，位于中亚的咸海，因为周围国家的人过度种植棉花而面临干涸。水资源的缺乏无论对人类、动物，还是企业，都有很大危害。没有了水资源，很难种植更多棉花。

谁应该负责?

咸海的干涸是由企业、消费者和政府共同导致的。想要解决这个问题有些困难，因为这涉及太多的人和组织。

平衡消费者的需求和可持续生产之间的关系是企业面临的巨大挑战。可持续生产意味着生产过程不能对工人和社区造成危害；企业需要合理地利用自然资源，减少浪费，降低污染。

»可持续生产

可持续生产的一个方法是企业从一开始就对产品的使用周期做出全面的规划。

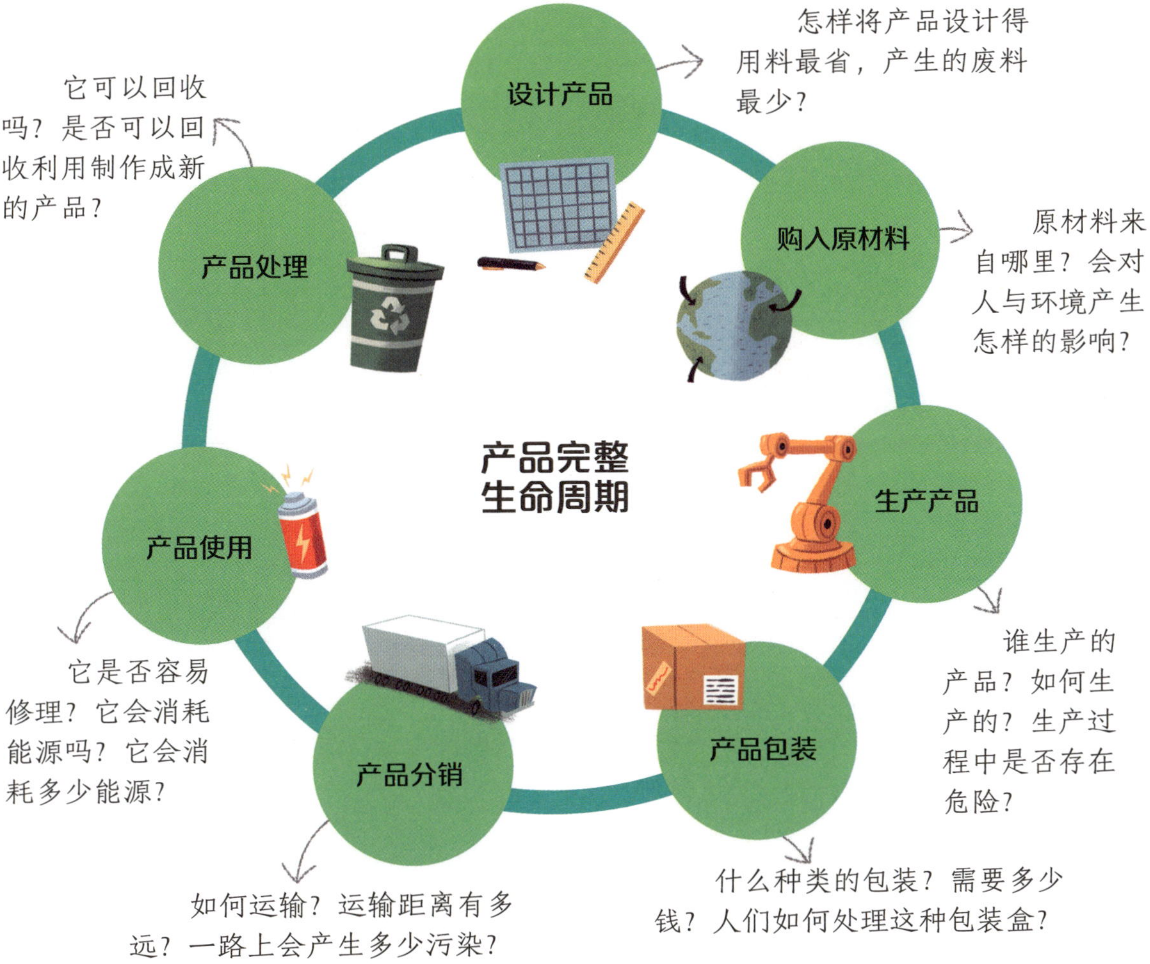

比如，以下是英国的化妆品品牌Lush生产的洗发皂和人们可以购买到的其他品牌洗发水的比较。

真实案例

瓶装洗发水　Lush洗发皂

没有包装

所以当洗发皂用完之后，不会产生垃圾。

体积更小

用更少的卡车来运输，意味着产生的污染更少。

持久耐用

一块洗发皂的效果相当于三瓶洗发水。

价格更贵

一块洗发皂的成本远远高过一瓶洗发水，所以它的售价更高。

第六章

企业发展

在刚刚创立的时候，企业需要做的是在市场中存活下来。如果前期发展很顺利，企业可能会开始盈利。下一步，企业可以用获得的利润扩大规模，比如雇用更多的员工，开展更多的业务，以及搬到更大的办公室，通过这种发展赚更多的钱。

企业发展会耗费大量钱财，需要承担一定风险。但是企业发展也可以带来很多好处，比如，能以更低的价格从供应商那里取货，在定价的时候有更大的决定权。而最终，规模更大的公司会获得更多的利润。

越大越好

如果企业经营得很好，那么保持一成不变，维持现有规模对很多人来说可能极具吸引力，但这也意味着将错失一些扩大企业规模带来的优势。

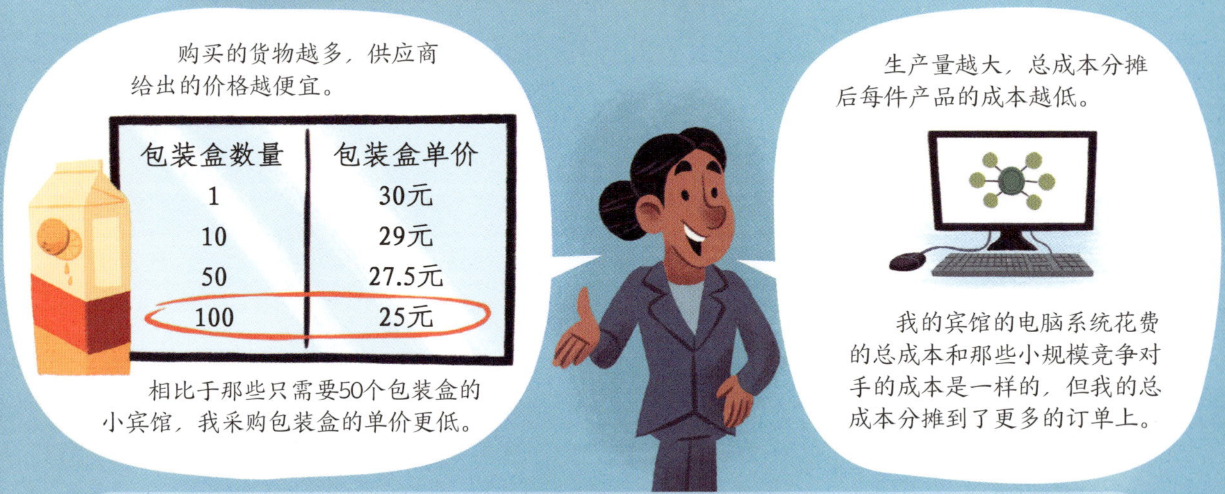

包装盒数量	包装盒单价
1	30元
10	29元
50	27.5元
100	25元

对大企业来说，它们很多业务的成本都比小企业的成本更低，这被称为“规模经济”。所以，大企业可以在定价更低的情况下保持盈利。

»如何扩张

企业可以通过大量生产相同的产品或者推出新产品来进行规模扩张，这就是水平扩张。企业也可以将业务扩展到供应链的其他领域，这被称为垂直扩张。为了实现扩张，企业需要更多的员工、更大的建筑或者更多的设备，这一切都需要投入资金。

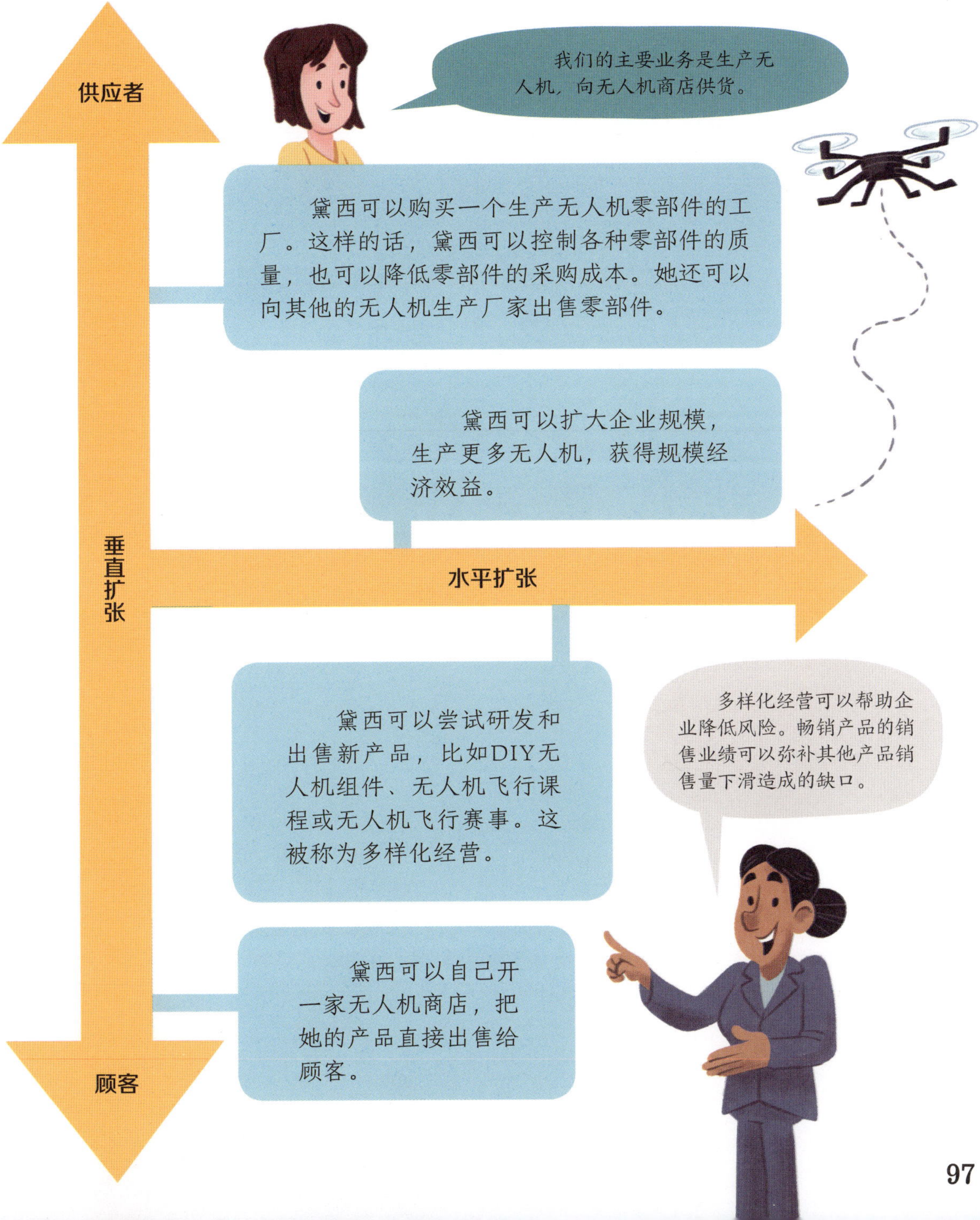

成为独角兽

有一些企业增长速度非常快，在几年的时间内估值就可以达到10亿美元以上，这种罕见的企业被称为独角兽企业。

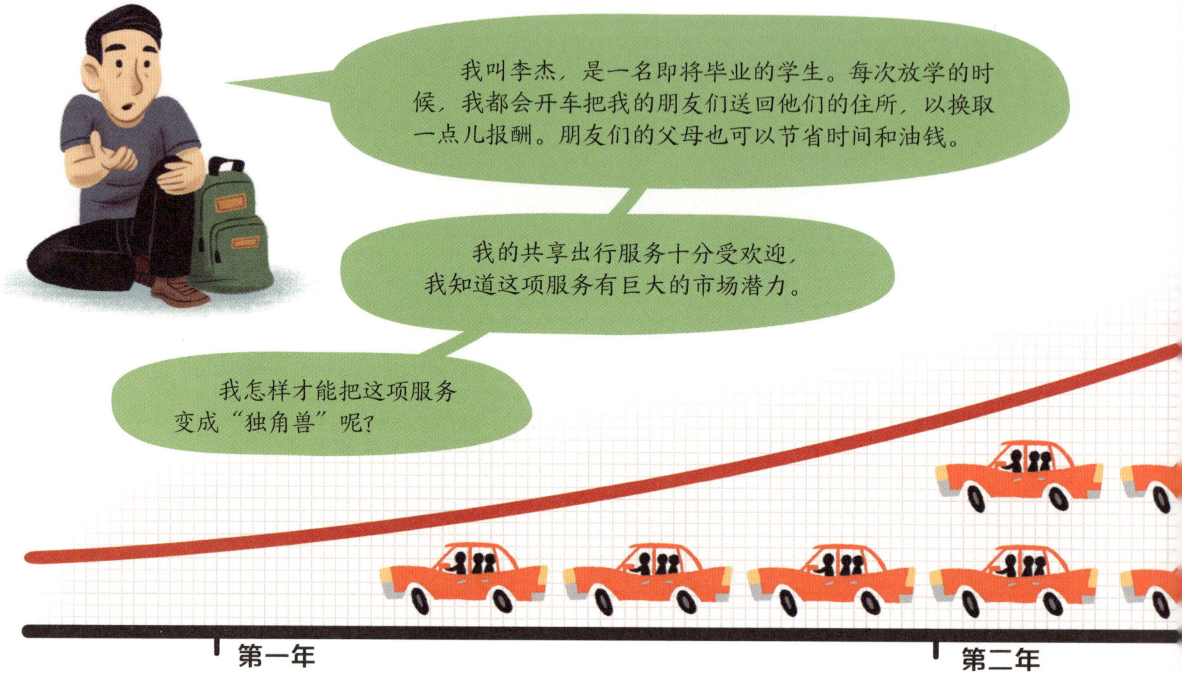

科技

掌握新科技的公司可以快速赢得许多顾客。

获得资助

投资者提供的资助越多，你的产品价格就可以压得越低。低价可以帮你赢得顾客青睐，把竞争对手淘汰出市场。

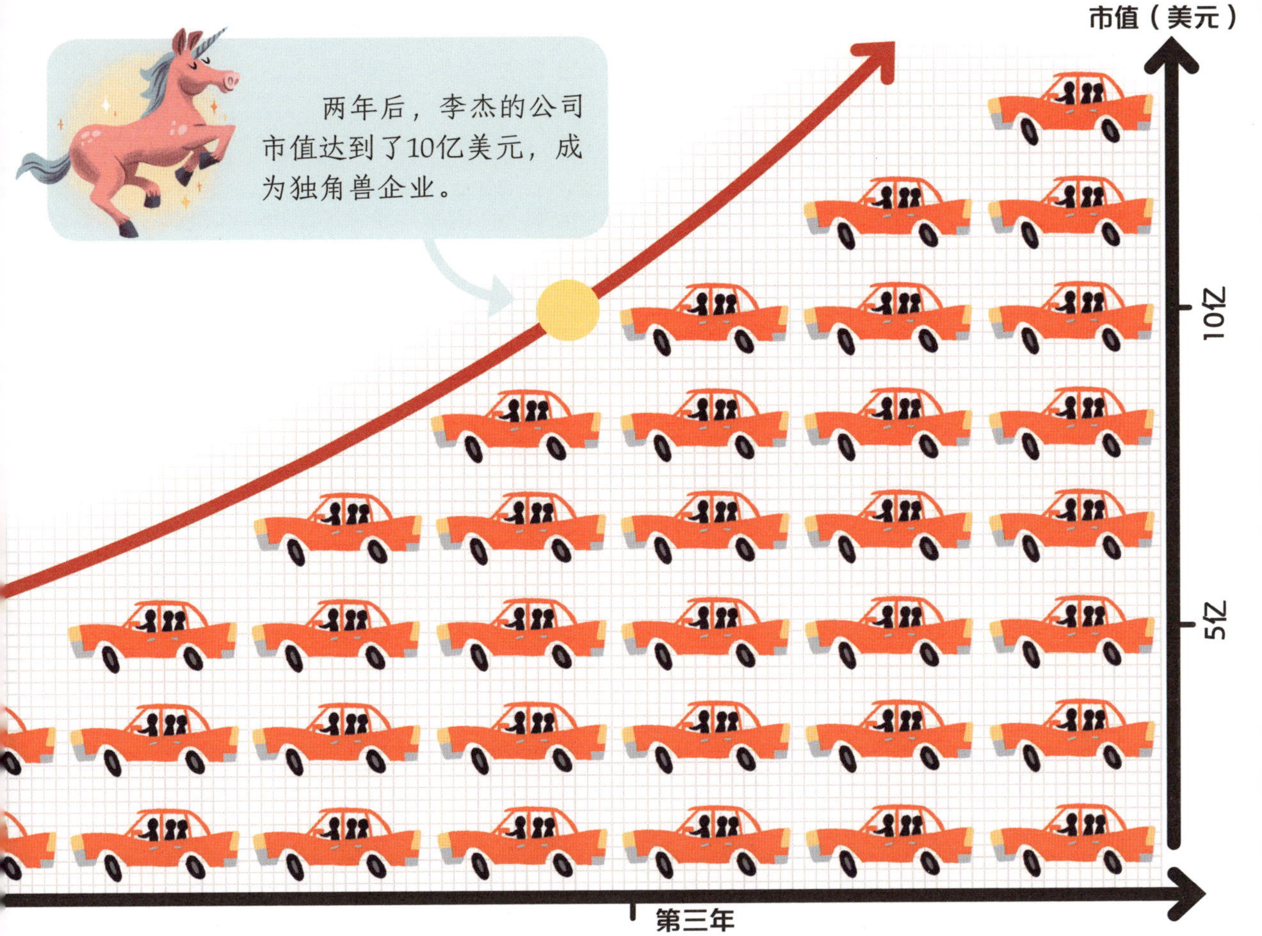

收购

部分收购或者全部收购竞争企业可以快速赢得更多顾客。

不断创新

即使是最成功的企业，也需要不停地发展，以便在竞争中立于不败之地。

远销海外

把产品销售到其他国家是扩大客户规模的一个好方法。但是，在一个区域适合的推广方案不一定适合其他地区。为了使销售更具有针对性，企业需要对新市场进行调研。顾客会喜欢我们的产品吗？他们在哪里可以接触到我们的产品？顾客是否负担得起我们的产品？

比如，这本书在英国创作完成，在全球范围内发行，有时是英文版本，但通常会翻译成其他的语言。作者和设计师需要考虑以下情况。

将英语翻译成其他语言可能会占据更大的页面，原来的页面空间够吗？

人们会不会把这些商业案例联系到其他国家？

真实案例

这个价格各个国家的人可以接受吗？

书里面的图片在其他文化中是否存在冒犯的意味？

如果读者从另一个方向阅读，书中对话框的位置会不会造成歧义？比如，阿拉伯文是从右往左阅读的。

为了把握成功的机会，企业需要对产品进行测试，并做出相应的改进，以满足目标销售国家顾客的需求。

有时候，一种产品在某些国家的销售业绩并不理想。因为当地的竞争对手生产的同类产品已经非常成功，人们可能并不欢迎其他同类产品的进入。

»产品出口

把一种产品从一个国家出口到另一个国家，通常需要很多时间、金钱以及书面文件。把所有因素考虑在内之后，企业需要决定出口行为是否值得。

企业上市

企业为了发展需要投入很多资金，其中一个募集资金的方法就是公开上市，把股票放在市场上流通，允许任何人购买公司的股票。那些购买了公司股票的人就是股东。

证券交易所

向公众出售股票的场所是证券交易所（股票是证券的一种）。购买了一家企业的股票之后，股东可以在证券交易所出售股票，再买入其他企业的股票。

这张地图展示了全球一些大型的证券交易所。

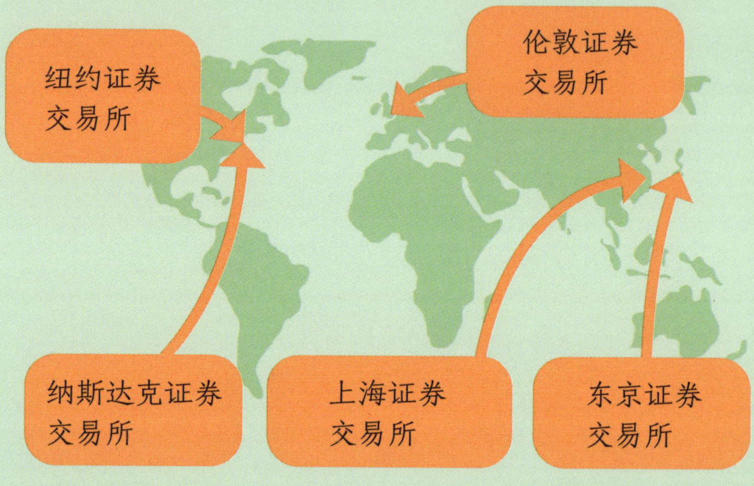

持股股东对企业债务承担有限责任。公开上市之后，企业被称为上市公司、股份有限公司。许多全球闻名的大公司都是上市公司。

$$$.com

2017年世界营收十强排行榜

★ 上市公司

★ 1. 沃尔玛　美国　零售
2. 国家电网有限公司　中国　能源
3. 中国石油化工集团公司　中国　能源
4. 中国石油天然气集团公司　中国　能源
★ 5. 丰田汽车公司　日本　汽车
★ 6. 大众汽车公司　德国　汽车
★ 7. 荷兰皇家壳牌石油公司　荷兰　能源
★ 8. 伯克希尔－哈撒韦公司　美国　金融
★ 9. 苹果公司　美国　科技
★ 10. 埃克森美孚公司　美国　能源

但是上市本身并不会使企业规模变大。企业需要达到一定规模并且发展稳定，人们才会愿意购买企业的股票。

上市还是不上市

企业上市以后，必须公开很多内部信息。以下就是企业需要公开的一些内容。

透露被其他企业接管的所有信息。

提前公布新产品的发布信息。

每年公开报告企业盈亏状况若干次。

这样会使竞争对手掌握许多本企业的信息，所以有些规模很大的公司可能选择不上市。

企业的价值是什么

企业公开上市以后，每个人都可以在互联网上查看该企业的股价。如果很多人都买同一家企业的股票，这家企业的股票价格会上涨。如果很多人都出售这家企业的股票，这家企业的股票价格会下跌。

股价是显示企业经营情况的一个信号，股价上涨对企业来说是有好处的。

良好的宣传。

更容易吸引私人投资者。

提升企业形象，促进产品销售。

更容易申请银行贷款。

但是，如果股价下跌，就是另外一种情况了。

股价下跌，股东对企业的好感度会下降。如果股东们非常不高兴，他们会行使自己的权利，要求企业变更管理权。所以，经理首先需要让股东们满意。

丑闻

企业陷入丑闻往往会导致其股价一落千丈。比如，2018年，Facebook（脸书）用户信息被泄露的新闻一经曝光，Facebook的股价暴跌。在那之后，Facebook不得不承担丑闻和股价下跌所带来的社会声誉的损失。

太大不易管理

企业规模过大也存在很多问题，最终可能会导致管理层对下属工作的监管失控，比如下面这些问题。

垄断导致不公平

在市场上，一家企业发展壮大到一定规模，就可以成为一种产品的唯一供应商，这便形成了垄断。垄断企业的力量不容小觑。比如，一家牛奶垄断企业能低价从奶农那里收购牛奶，然后高价卖给顾客。

所以，大多数政府都会制定法律阻止垄断企业的形成。

发展的代价

企业的发展需要花费金钱、时间，还要付出努力。所以，企业家需要权衡一下，额外投入的金钱是否会带给他们预期的回报。

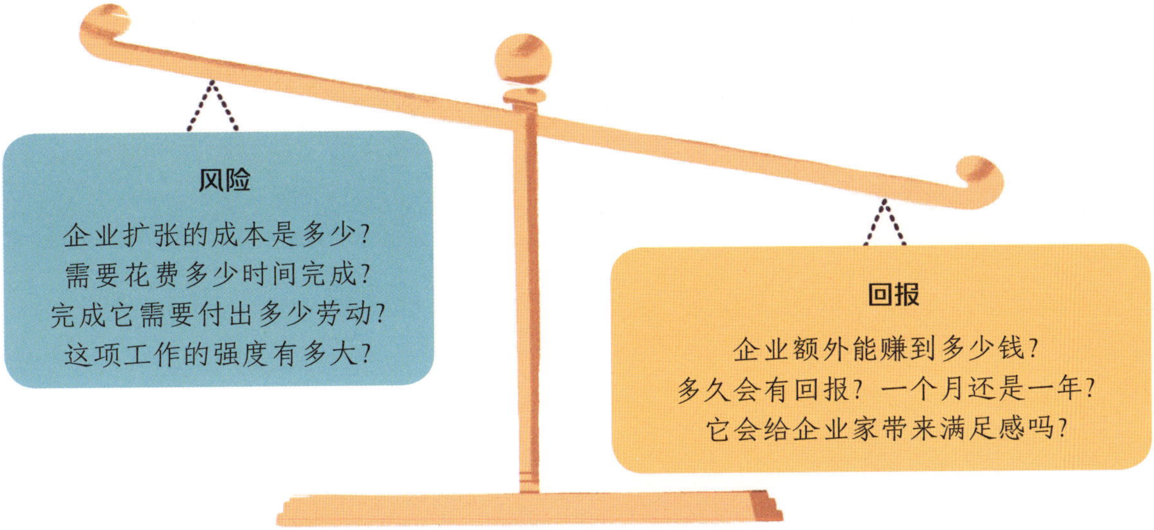

一些企业家不想改变原来的经营方式，所以他们不打算扩大企业规模，这样也是可以的。

太大不能倒闭

当一家企业的规模十分庞大的时候，很多人甚至很多其他企业都依靠这家企业来获得工作岗位和收入。所以，如果这样的企业看起来经营不善，存在倒闭的风险，政府可能会贷款给它们，以防工作岗位的流失和其他企业的倒闭。

金融危机

真实案例

2008年，在经历了巨大风险、损失了巨额资产之后，美国和欧洲的很多银行面临倒闭的危险。一些国家的政府决定介入以阻止恶性循环的发生。

这样做值得吗？

银行及其储户的账户保住了，但是很多国家依然陷入了经济衰退状态，商业不景气，大量工人失业，国内生产总值下降。很多人认为，如果政府什么都不做，情况可能会变得更加糟糕。

为了避免金融危机再次发生，政府制定了更为严格的银行管理条例，防止银行做出不计后果的冒险行为。

第七章

大背景下的商业

到现在，你已经知道很多关于企业如何运作的知识，但企业的成功可能取决于许多你无法控制的因素，比如经济环境、政府调控，甚至天气。

本章将探讨其中的一些因素，以及企业如何适应这些因素。

经商容易吗?

不同的国家，经商的条件不尽相同。在某些地区，完成一件事需要很长的时间。在其他地区，花费的时间可能更多，有时甚至根本不可能自由开展业务。

具备下面两个条件可以使经商变得容易一些。

完善的基础设施

道路、电缆和学校都是基础设施。没有它们，企业就不能在一个国家运输产品、连接网络或雇用有技能的工人。通常情况下，基础设施由政府用税款建设（详见第58页）。

拥有产权

如果企业没有产权，它们很难进行公平竞争。所谓的财产包括它们的商品以及他们的创意。

大多数国家都制定了相关法律，禁止在未经许可的情况下盗用、复制或出售别人的发明和创意。

下面这些因素会导致经商变得困难重重。

腐败

为了谋取经济利益或政治权力，商人和政治家有时会欺诈舞弊，这就是腐败。腐败造成企业之间的竞争变得不公平，因此政府制定了法规来杜绝这种现象。腐败的形式有很多种，下面只是其中的几种情况。

对企业进行威胁或使用暴力，比如将竞争对手的企业关闭，这被称为敲诈。

要求企业用金钱换取特殊待遇，比如加快审批速度，这被称为受贿。

如果一位政府官员也是一位商人，就会产生利益冲突。

手续烦琐

政府的规章可以防止企业欺骗顾客，但是企业会因此花费很多时间填写表格、获得许可，这些烦琐的手续会降低企业的效率。

»政府的作用

在许多国家，企业不用为基础设施或产权等费心，政府在背后的支持会使经商更容易。但有时候，政府烦琐的手续实际上会使经商更加困难。

供给和需求

企业的成败取决于它的赚钱能力。产品销量与企业提供产品的数量（供给）和顾客愿意购买的数量（需求）有关。此外，供给和需求还会影响产品价格，就像下面这样。

因为时常受到各种因素的影响，供求关系的调控非常棘手。下面是特丽莎必须处理的一些情况。

天气：

霜冻会造成鲜花死亡，供应量减少。

流行趋势：

一位名人手握鲜花的照片使这种鲜花的需求量增加。

竞争：

¥29.9
¥5
¥19.9

如果竞争对手降价，相对而言特丽莎的鲜花就会变贵，进而导致需求量下降。

燃油价格：

如果燃油价格上涨，特丽莎必须提高配送费，这会导致需求量减少。

经济环境

一个国家的经济由人们生产、买卖的一切东西组成。经济状况无论好坏，都会对任何一家企业的供给和需求产生很大影响。

»经济衰退

如果多项经济指标持续六个月以上出现下滑，那就是经济衰退。这并不表示所有企业都运营得不好，以低价销售产品的超市可能会发展得更好。政府和国家银行会设法阻止经济衰退，并使国家走出衰退状态。

政府干预

社区里可能存在“问题企业”。在某些情况下，问题会自行解决：

需求的下降会向企业发出信号，提醒企业改进。但通常情况下问题并不是那么简单，政府可能需要进行干预。

如果产品存在的问题对消费者没有影响，供求关系就无法解决这个问题，这就是市场失灵，需要政府介入进行干预。比如，强制俱乐部搬离居民区。

有时政府会采取措施鼓励企业生产对消费者或社会有益的产品。

»政府手段

污染也是市场失灵的一个例子。造成污染的商品和服务的供应商和消费者不会独受其害，整个社会都将受到影响。除了制定法律，政府可以通过以下手段来解决问题。

税收激励政策

政府可以对大量使用汽油的汽车征税，提高消费汽车的价格，抑制人们过度消费。

另一方面，通过降低电动汽车的税金，鼓励人们改用污染较小的汽车。

赋予所有权

没有人“拥有”河流，所以人们不怎么关心它们。

政府可以赋予一个机构权力，如环境保护局，“假设”其拥有河流。这样环境保护局就有责任治理河流，有权力对污染环境的人进行处罚。

强制公布产品信息

消费者有时候没有足够的信息来判断哪些产品造成的危害更大。

为了给消费者提供帮助，政府可以强制生产商在产品标签上添加更多信息，比如产品的运输距离。

签订全球协议

污染是一个全球性的问题，没有国界之分。更糟糕的是，污染型企业有时在多个国家开展业务。为了解决这个问题，各国政府必须共同努力，不过，想要达成一致意见并不容易。

利息

企业和消费者经常需要向银行借款，他们必须按时还款，因为银行也是企业，发放贷款是银行的服务项目之一。使用借款需要支付一定的费用，也就是利息。利息的数额与借款数额的比率称为利率，像其他产品的价格一样，它也总是在变化。

通过下面这个例子，你可以了解利息的运作方式。

城市银行同意以10%的现行利率贷给这家企业1,000,000元。

1,000,000元的10%是100,000元。

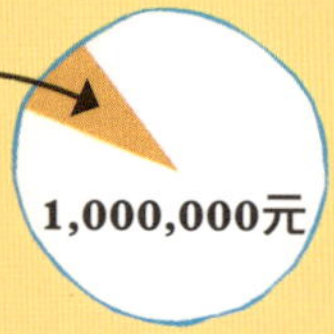

所以，这家企业需要偿还1,000,000元本金和100,000元利息，一共是1,100,000元。

这家企业决定每个月偿还10,000元。

»利率变化

在许多国家，中央银行负责确定基准利率。中央银行通常每年都会对利率进行调整，其他向中央银行借款的银行也会进行相应的调整。

企业

消费者

消费者也会向银行借款，购买房屋或汽车等大件商品。所以，当借款利率上调时，他们的还款额会增加。为了省钱，他们可能削减奢侈品或非必需物品方面的开支。

因此，当借款利率上调时，出售奢侈品的企业的顾客可能会减少。

政府和中央银行调整利率不是为了好玩，而是为了促使经济发展的势头更好，或者是让疲软的经济复苏。

对所有企业来说，关注任何在不久的将来会对它们产生影响的消息都是很有必要的，尤其是利率的变化。

科技的力量

科学上的突破会带来新技术、新产品，甚至新的商业模式，下面就是一个例子。

DNA和数据

DNA是我们身体的一部分，包含着生命如何自我构建的编码。科学家发现了读取个体DNA编码的廉价方法，这创造了各种商业机会。

真实案例

DNAFit

这家公司承诺根据客户的DNA资料改善他们的饮食和健康状况。

AncestryDNA

这家公司仅仅通过检验客户的DNA，就可以揭示客户的未知亲属以及祖先起源。

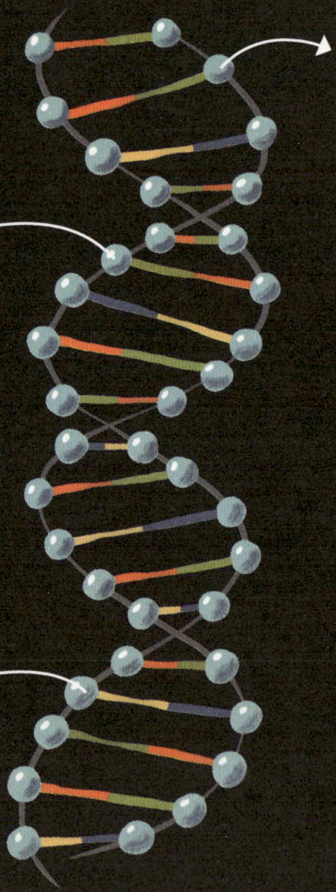

23andMe

这家公司通过分析客户的DNA，可以判断客户是否存在罹患某些特定疾病的风险，然后给出警示。

在客户允许的情况下，这些企业可以与DNA研究人员分享它们的发现。这可以带来更多的科学突破，创造更多商业机会。

科技挑战

新科技经常给社会带来很大的难题。比如，如果存在这样一种科技，它可以改变孩子的DNA，让他们变得更聪明或更漂亮，政府是否应该允许父母们这样做？而由此带来的不可知、不可控的巨大风险，谁能承担得起这个责任呢？

机器的崛起

机器可以代替人力完成操作或执行人类不能完成的任务，这就是自动化。使用自动化的企业通常会雇用更少的员工，从而降低成本，因为机器不用休假，不需要向其支付工资与养老金。

这家比萨饼店的生产流程已经实现自动化，这使它的……

结果，工人们失去了工作。当这种情况发生时，企业和政府需要帮助他们参加培训，找到新的工作。

自动化会让人们失去工作，但也会创造工作机会。

机器通常只承担某些任务，而不是全部工作。

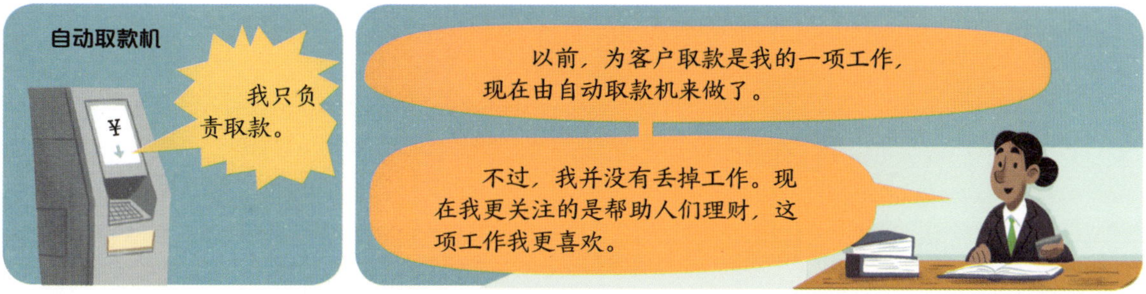

没有人能准确预知自动化技术的提高是否会导致工作岗位越来越少。目前，从歌曲创作到在法庭上为受害者辩护，从与客户建立个人关系到把书摆放在书架上等许多棘手的工作，人们仍然比机器做得好。

接下来怎么做

现在，你已经了解了企业是什么，以及企业如何走向世界。接下来你需要怎么做呢？

如果你想创办自己的企业，你需要掌握创业所需的基本信息。如果你感到紧张，请记住以下几点：

你不必冒巨大的风险。你可以谨慎一点儿，检验你的想法和计划是否切合实际。

第一次创业不成功也没有关系，你可以从错误中吸取教训。还记得第62页提到的托马斯·爱迪生吗？

如果你想自己创业，可以从以下活动开始：

- 加入一个为对商业感兴趣的年轻人提供支持和培训的计划，比如青年企业家计划或商业成就计划。咨询一下你的学校里是否有这样的计划，或者在网上搜索当地是否有这样的计划。
- 在二手商店寻找特价商品，然后试着把它们卖出去赚钱。
- 制作一些简单的东西出售，可以是钥匙圈、耳环或者其他任何东西！
  - 卖给你的朋友和家人。
  - 在集市上租个摊位。
  - 在易趣等网上市场开一家店。
- 结识当地的商业人士，与他们讨论如何经营企业。
- 阅读报纸的商业版，了解为什么有的企业能成功，有的却失败了。

术语表

本术语表解释了本书中使用的一些词语。

拨款 政府给予企业的不需要回报的资金。

产品 企业出售的所有物品，不论是商品还是服务，都是产品。

成本 商品或服务在生产和流通过程中所需要的全部费用。

出口 把本国生产的商品或服务输送到另一个国家销售。

创业公司 处于创业阶段，可能还没有开始销售任何产品的企业。

贷款 借给企业的必须偿还的钱。

定价 制定或变更产品的价格。

董事会 一个由经验丰富的董事组成的团队，负责监督企业的运营。董事会有权雇用和解雇首席执行官。

独角兽企业 价值超过10亿美元的创业公司。

独资企业 经营权归个人所有，由个人享有全部利润并对债务承担无限责任的企业。

多样性 企业员工有不同的背景和观点。

发展 企业壮大起来，生产更多的产品，雇用更多的人。

服务 人们付钱给企业，由企业提供劳动的一种活动，如打扫卫生。

工会 支持员工要求雇主改善工作条件的工人协会。

工人的权利 确保所有员工都能受到企业公平对待的规定，包括成立工会的权利。

公共服务 由政府为每个人提供的道路等公共设施。

公关 “公共关系”的简称。指企业通过电视报道等方式，影响公众对企业的认知。

供应链 一家企业生产商品和提供服务所依赖的一个由不同企业组成的网络结构。

股东 持有某一企业股份，可以获取企业利润的人。

股份 由不同人持有的企业的份额。

顾客 任何购买商品或要求服务的人，他们自己不一定使用商品或享受服务。

雇用 企业聘用新员工。

广告 企业支付费用，通过电视、招贴等形式向人们介绍商品或服务的一种推广形式。

加价 企业以一种价格购买产品，以更高的价格出售产品时提高的价格。

解雇 雇员与企业的雇佣关系非自愿性终止。

进口 把另一个国家生产的商品运到本国销售。

经理 企业中负责管理其他员工的一名

员工。

竞争者 可能会将一家企业的顾客吸引走的竞争企业。

可持续生产 企业确保其生产不会损害环境，符合可持续发展的要求。

会计师 企业为审查账目准确性而雇用的专业人员。

利率 利息数额和借款数额的比率。

利润 企业的收益减去成本后剩下的钱。

利息 借款人偿还贷款人本金时额外支付的钱。

零售商 把商品卖给最终消费者的商家，比如杂货店。

垄断企业 作为一种商品或服务唯一供应者的企业。

批发商 把大量商品转售给零售商的企业。

品牌 通过名称、产品包装等所有要素表现出来的企业的特性。

破产 债务人不能偿还债务时，把债务人的财产变卖依法归还给债权人。

企业家 经营自己的企业或正在创业的人。

清算 将倒闭的企业的财产变现，以偿还给债权人。

商品 企业生产或销售的实物。

商业计划书 详细描述企业业务的书面文件，通常是为了从投资者那里筹集资金。

生产 制造商品或提供服务的过程。

市场 由商品或服务的买者与卖者组成的一个群体。

市场调研 调查市场上到底需要什么或不需要什么。

收益 企业通过销售产品所获得的收入。

首席执行官 企业中负责日常事务的最高行政人员，有时也称为总经理或总裁。

数据 指信息，尤其是关于人们和他们花钱购买的东西的信息。一些企业会提供服务交换数据，而不是用金钱购买数据。

税款 个人和企业向政府交纳的用于公共服务的钱。

特许经营 指一家新的企业使用另一家已经存在的企业的商业模式，并向它们支付报酬。

投资 把钱投给企业，希望以后能从中获利。

投资者 进行投资的个人、企业或组织。

推广 宣传企业的产品，鼓励人们购买。

微型企业 规模非常小的企业，员工人数在10人以下。

无限责任 企业所有者以个人全部财产承担偿还企业债务的责任。

现金流 企业一定时期现金流入和现金流出的数量。

消费者 商品或服务的使用者，消费者不一定是顾客。

营销 企业说服人们购买其产品的方式，比如巧妙的定价和推广。

有限责任 企业所有者以其部分资产承担偿还企业债务的责任。

员工 为企业工作但一般不负责管理企业的人。

债权人 根据法律或合同的规定，有权要求债务人履行义务的人。

账目 企业成本和收益的记录。

资金 创办或发展企业所需要的钱。

索引

特别感谢

感谢拉腊·布赖恩、罗斯·霍尔在本书文字方面的贡献，
凯伦·斯托弗在本书图画方面的贡献，
艾利克斯·福瑞斯、简·彻丝荷在本书编辑方面的帮助，
杰米·鲍尔、弗雷娅·哈里森、斯蒂芬·蒙克利夫在本书设计方面的帮助，
商务专家威尔逊·特金顿、布若尼·亨利对本书知识进行的审订。

桂图登字：20-2019-017

图书在版编目（CIP）数据

读懂商业 / 英国尤斯伯恩出版公司编著；王雪译 .—南宁：接力出版社，2020.5（2026.1 重印）
（少年商学院）
ISBN 978-7-5448-6431-2

Ⅰ . ①读… Ⅱ . ①英…②王… Ⅲ . ①商业经营–青少年读物 Ⅳ . ① F715-49

中国版本图书馆 CIP 数据核字（2020）第 034599 号

责任编辑：周琰冰　　美术编辑：杜宇
责任校对：张琦锋　　责任监印：郭紫楠　　版权联络：闫安琪
出版人：白冰　雷鸣
出版发行：接力出版社　　社址：广西南宁市园湖南路9号　　邮编：530022
电话：010-65546561（发行部）　传真：010-65545210（发行部）
网址：http://www.jielibj.com　　电子邮箱：jieli@jielibook.com
印制：河北尚唐印刷包装有限公司　　开本：710毫米 × 1000毫米　1/16
印张：8.5　　字数：60千字　　版次：2020年5月第1版　　印次：2026年1月第14次印刷
印数：90 001—94 000册　　定价：78.00元

本书中的所有图片均由原出版公司提供
审图号：GS（2020）1096号

质量服务承诺：如发现缺页、错页、倒装等印装质量问题，可直接联系本社调换。
服务电话：010-65545440